LOS SUEÑOS DE UN PORTUGUÉS Y OTRAS HISTORIAS

PUBLICATIONS OF THE SOCIETY OF SPANISH AND SPANISH-AMERICAN STUDIES

Luis T. González-del-Valle, *Director*

VÍCTOR ALPERI

LOS SUEÑOS DE UN PORTUGUÉS Y OTRAS HISTORIAS

PRÓLOGO
RAMÓN HERNÁNDEZ

SOCIETY OF SPANISH AND SPANISH-AMERICAN STUDIES

The Society of Spanish and Spanish-American Studies promotes bibliographical, critical and pedagogical research in Spanish and Spanish-American studies by publishing works of particular merit in these areas. On occasion, the Society also publishes creative works. SSSAS is a non-profit educational organization sponsored by the University of Colorado at Boulder. It is located in the Department of Spanish and Portuguese, University of Colorado, Campus Box 278, Boulder, Colorado, 80309-0278. U.S.A.

International Standard Book Number (ISBN): 0-89295-082-X

Library of Congress Catalog Card Number: 95-67274

Printed in the United States of America.
Impreso en los Estados Unidos de América

Cubierta: Foral manuelito de Lagos. Algarve, Portugal

This text was prepared by Sandy Adler, Foreign Language Word Processing Specialist for the College of Arts and Sciences, University of Colorado at Boulder.

ÍNDICE

PRÓLOGO

Autor de una extensa obra narrativa, de la que destaca su novela «La batalla de aquel general», Víctor Alperi, novelista, ensayista y crítico de arte, es, sin duda, uno de los autores españoles más representativos de una generación de escritores que iniciaron su labor literaria alrededor de la década de los 60, bajo la férula dictatorial del régimen militarista que, durante cuarenta años, secuestró las libertades, amenazando con abortar toda suerte de creación libre y comprometida. Sin embargo, es con autores como Alperi y otros, cómo se mantuvo en España una estética digna, generalmente de corte realista y heredera de Galdós en muchos casos, la cual, en una sorprendente eclosión creadora, cimentó los hitos de una época literaria, iniciada veinte años antes, que tiene en Delibes, Torrente y Cela, sus más elocuentes ejemplos en el campo de la novela.

Erudito y viajero, inquieto por cualesquiera manifestaciones de la creación artística, Víctor Alperi, a través de su numerosas novelas y de su constante y atenta labor periodística, ha contribuido en gran medida a ensanchar y prestigiar el panorama cultural español, muchas veces degradado y áptero, reducido en demasía al «ghetto» de unas minorías de «notables». Y es ahora cuando, en un oportuno y merecido homenaje a su amplia y fértil ejecutoria, cuando la prestigiosa Society of Spanish and Spanish-American Studies, adscrita a la Universidad de Colorado, en una encomiable iniciativa de su director, el Doctor Luis González-del-Valle, edita la presente y selecta colección de relatos y pequeñas novelas de Víctor Alperi, bajo el título general de «Los sueños de un portugués y otras historias», compuesta por una veintena de textos. En todos ellos, con un estilo sencillo y directo, en el que predomina la reflexión interior, Alperi desarrolla una variopinta anatomía de la soledad y del vacío existencial de sus personajes, la mayoría de ellos enfrentados a la siempre difícil sublimación del fracaso de sus ilusiones y más caros anhelos. «Phatos» tan familiar a la íntima psicología estética de Víctor Alperi, un autor que, aún dominando ese distanciamiento impregnado de humor necesario a toda narración, ha preferido en estos relatos ceñirse al puro testimonio existencialista de una época ya pasada que, sin embargo, continúa muy enraizada en la literatura española.

Argumentos diferentes en los que, no obstante, se percibe el común acento de la desolacion urbana, del viajero sin destino, de la amarga evocación del exiliado y, siempre, como una consigna, la inquietante búsqueda del amor. Armonía estructural y temática que, aún vinculada al realismo del que ya hemos hecho referencia, contiene en todos los relatos el apunte insigne del escritor hondo y existencial capaz de expresar en breves metáforas y en mágicos destellos, todo el misterio de la vida, que el lector atento no dejara de percibir y que, por ser muy numerosos, renunciamos a citar textualmente en este breve prólogo. Estelares momentos narrativos que son exponente fiel de una honda filosofía trascendental y metafisíca, propia de un escritor, Víctor Alperi, que ha sabido hacer del Arte en general y de la Literatura en particular, un camino de conocimiento y, sobre todo, una generosa y brillante dádiva que nos enriquece a todos los que gozamos ese lujo de conocerle y tenerle por amigo.

RAMÓN HERNÁNDEZ
Boulder, 5 de marzo, 1995

ACLARACIÓN PRELIMINAR

Es una antología de cuentos y de novelitas cortas.

Cuentos actuales y otros—que no son cuentos—escritos hace muchos años. Breves páginas literarias de los comienzos de un escritor . . .

Solamente el recuerdo y *Barrio de la noche*, novelitas de amor, con citas de Gabriela Mistral, indican el «tono» del escrito.

Lo más importante es el clima de melancolía—en almas y paisajes—que sería una de las claves de todas mis novelas y cuentos posteriores.

LOS SUEÑOS DE UN PORTUGUÉS

Y su epitafio la sangrienta luna.
Quevedo

Estaban parados en medio del desierto. Parados y perdidos entre arenales blanquecinos. Al fondo, sobre unas rocas indefinidas, se filtraba una luz de hierro fundido que se mezclaba con la arena para formar una argamasa de fuego. Un infierno dantesco salía de las fauces del desierto. Calor, claridad foliada, rojiza, que se aplastaba sobre los ojos y los hacía llorar. Todo caía dentro de una hoguera inmensa que trituraba las piedras, los huesos, los arenales y el mismo cielo. Un calor negro, de betún y pezuña, se introducía por las venas y por todos los poros de la piel que deseaban una gota miserable de frío por lo menos. El sudor, que descendía por la espalda, también era metal fundido, mano de horno posada entre la piel y la ropa.

Said, tendido en el suelo, rezaba soñando con la Meca, con ríos de aguas puras y, donde el profeta Mohamed o su compañero Eyüp, realizaban milagros, los sostenían entre los cielos puros para después dejarlos descansar en la ciudad de Istambul. El infortunado árabe, que se moría entre las arenas, o rezaba con los ojos cerrados y el corazón en el cielo, pensaba en la Mezquita de Eyüd, al final del Cuerno de Oro, adonde se encaminaba todas las mañanas su abuelo, el padre de su padre, el hombre justo y religioso que terminaría con sus huesos en una aldea de Marruecos, cerca de Casablanca, donde él había nacido; la radiante ciudad que se miraba en el Atlántico, en las aguas, entre las brisas primaverales . . . Lejos estaba Casablanca, la bella, la amada del mar y de los hombres. Para él, y para el oficial portugués, todo estaba perdido, la muerte rondaba cerca, los pájaros carroñeros formaban la corona negra en el azul del cielo para caer sobre ellos al atardecer.

El capitán portugués estaba callado y triste; no había caballos, ni camellos, ni palmeras al fondo de las dunas. Solamente el silencio, el calor, la lejanía de plomo y unos raquíticos arbustos que agonizaban como ellos entre las arenas ardientes. Piedras calcinadas que eran polvo entre el polvo, arena sobre la arena, viento perdido sin oasis ni brisas. Imposible llegar al río para refrescarse y descansar al lado del agua purificadora, o meterse en una jaima para entregarse a la sombra y dar la mano al descanso. Lo mismo que al abuelo de Said, tan citado por el joven árabe, que suspiraba por el frescor de una mezquita turca desde la aldea marroquí; pero el abuelo de Said tenía el mar a su lado y ellos estaban perdidos, a punto de morir.

Rosas del desierto, piedras lunares, tierras movedizas y un sol de fuego le apartaban del triunfo y de la gloria; no podría llegar a la ciudad lejana y misteriosa y poner la bandera portuguesa en la torre más alta y reclamar todas las provincias y todas las tribus para su señor, para el rey Don João. Sus ojos, quemados por el sol, no volverían a contemplar el rostro de Mariana, y el cura, don Pedro dos Santos Enríquez, no los uniría en sagrado matrimonio. Sus huesos, torturados y enamorados, quedarían allí, en medio del desierto, blanqueados por la pálida luz de la tarde, desmoronados entre los rayos de la sangrienta luna de agosto. Calor en el cuerpo y frío en el alma, deseos de gritar, de pedir ayuda, de renunciar a los triunfos y a las tierras para el rey Don João II, o III, o V. No sería nunca un glorioso bandeirante, ni un fiel enamorado, ni un padre feliz sentado en un parque de Vila Real, con los hijos pequeños a su lado. El guía, el bueno de Said, ya no estaba a su lado, había desaparecido entre las dunas, devorado por las rojas fauces del desierto, arrebatado por el cielo, conducido a la sagrada mezquita turca o enterrado en Fez, al lado de los santos de su pueblo. Las rocas amarillentas desprendían un polvo mortal, y un trueno, al fondo de la tierra, más allá del mundo y de los cielos, le anunciaba el final de su tiempo; era la voz de la muerte que le impedía cumplir con su destino de conquistador portugués.

Las dunas, de pronto, quedaron lejos; sentía un frío delicioso en la frente y un calor desagradable en todo el cuerpo; viajaba reclinado contra el cristal de la ventanilla y, poco a poco, al abrir los ojos, pudo ver que el autocar corría por la autopista camino de Lisboa. Mimosas salvajes, retamas floridas, miserables brezos, adornaban la carretera que se deslizaba bajo ellos. El guía de la excursión estaba hablando; pronto llegarían a la capital, con temperaturas mejores que en el Alentejo; tenían tres horas para descansar en el hotel, en la plaza misma del Marqués de Pombal, centro de Lisboa; después de la cena podían ir al Teatro Nacional María II, para ver la obra de Sá de Miranda: Un portugués en Africa, en versión de Wanda Ramos.

Cintra, Estoril y Caparica quedarían para el día siguiente, y el Museo de Carrozas, y el barrio de Alfama, y el paseo en el barco hasta Montijo, y la visita al Presidente de la República, y . . . Said corría por el cielo en pos de la mezquita turca, las nubes se recortaban contra el cristal de la ventanilla, los edificios de Lisboa se alzaban entre los arbustos, más allá de las dunas y del calor, al otro lado del mar y del desierto y una pálida luna quería dibujarse en el cielo, al fondo, más allá de la ciudad y de las aguas, del mundo y de los sueños. Allí, en la ciudad de Lisboa, terminaba la tierra y comenzaba el mar, la aventura, América o Africa, Asia o el firmamento. Entre las nubes y la luna fantasmal corrían los portugueses y Said, el guía, estaba con ellos. El capitán, que buscaba nuevas tierras para el imperio, tenía los ojos cerrados. No, no llegaban a Lisboa, no podía ser cierto. Las tierras de Africa tenían que ser conquistadas para el rey Don Joäo y para Cristo. Mahoma y su compañero Eyüd estaban olvidados en una mezquita lejana. El hombre nuevo, y el tiempo nuevo, eran patrimonio de Portugal. Mariana y el sacerdote tendrían que esperar algunos meses. Siglos, seguramente . . .

EL REGRESO

Gritó en voz alta, diciendo: «Lázaro, ven fuera». Y en el mismo punto salió el que había estado muerto, atados los pies y las manos con vendas y cubierto el rostro con un sudario.

Juan, XI, 43-44

El viejo caudillo, cansado de contemplar desde el más allá las muchas tragedias que acaecían en su querida patria, y aconsejado y ayudado por Santa Teresa y otros muchos santos españoles, como San Juan de la Cruz, San Pedro de Alcántara y Fray Melchor García Sampedro, regresó a la tierra.

El magno suceso, que sorprendió y asustó al mundo, aunque ya había sido vaticinando por diferentes personas, muchos periodistas entre ellas—los profetas de nuestro tiempo—, y también por un popular escritor que se equivocó, de todas formas, en un año y unos meses, se realizó en una fría mañana de enero.

Cuando el cansado general y caudillo salió a la gran explanada del monasterio de Cuelgamuros, completamente desierta en aquellos momentos, unas gotas de lluvia, mezcladas con nieve, caían lentamente sobre las baldosas, sobre los árboles y esculturas del gigantesco mausoleo. El mundo parecía muerto, marchito y ceniciento; y aquel rincón de la provincia de Madrid, perdido entre peñascales y árgomas, ponía una dolorosa melancolía en el corazón de Franco.

La cruz inmensa, los evangelistas y la Piedad, diseñado y trabajado por Avalos, su amigo, estaban algo resquebrajados y medio borrosos entre las brumas de la mañana.

—¡Avalos!—suspiró el resucitado.

También el escultor pasaba por unos momentos difíciles. Los enemigos del Sha, en la lejana Persia, destruían las obras del artista español, las esculturas que el rey de reyes le había encargado. Todo un mundo, no muy lejano de todas formas, desaparecía para siempre: Salazar, en Portugal, el Sha, en Persia, Nixon, aclamado en Madrid, en los Estados Unidos, Pío XII, el muy amigo de España . . . Todo un mundo glorioso bajo la ceniza del olvido y de la incomprensión.

El viejo caudillo meditó. El frío y la duda se apoderaron de él durante unos momentos. ¿Para qué volvía? ¿Merecía la pena? No se podía dar marcha atrás a la historia. Las páginas escritas quedaban. En el reloj del tiempo estaban señaladas unas fechas fijas, eternizadas y concretas. Los años de cada hombre y de cada mujer, los destinos del ser humano, de los pueblos, de las naciones grandes o pequeñas . . . Las más grandes esculturas, que se alzaban sobre la tierra, mirando desafiantes a los cielos, terminaban por caer en el polvo de los caminos y de los desiertos.

El estaba muy bien allí, en aquel rincón de Cuelgamuros, entre las montañas, entre el olvido y el pequeño recuerdo de algunos . . . Un lugar gris y tranquilo para retirarse por toda la eternidad. Y no salir de él, permanecer bajo la losa, sin prestar oídos a los gritos y clamores del mundo. Pues siempre pasaría lo mismo: iguales resultaban los gritos de las nuevas generaciones, iguales los suplicatorios de los artistas, iguales los llantos del campesinado, las protestas de los mineros y de los trabajadores de las fábricas. Las mismas historias de siempre, de España y de Roma, de Nueva York y de Tokio, de Rabat y de Atenas. El hombre tenía una voz para gritar, para pedir, para protestar siempre; incluso pedía a los muertos, cuando los vivos se hacían los sordos. Y los muertos alguna vez, aunque no muchas, tenían que responder, presentarse así, de buenas a primeras, para dar testimonio y consejo, para señalar algunos caminos . . . Tal cosa pasó con Lázaro, como cuenta la Biblia, aunque Lázaro, después, permaneció callado, sin decir una palabra, sin comentar la verdad o la mentira del más allá. Lázaro. Su misión, de todas formas, resultaba muy distinta y mucho más complicada.

La lluvia, fina y silenciosa, dejó paso a la nieve. Y el horizonte comenzó a cerrarse por el fondo, por el lado de Madrid. Los bosques miserables, temblorosos en su raquitismo, se movían entre los montes, dentro de la dura borrasca. Cuando el bosque camine será el fin de todo . . . Cuando los árboles . . . Franco recordó la frase de la sublime comedia. Cuando el bosque camine será el principio de un tiempo nuevo y dichoso, el momento señalado para salir de la muerte.

El anciano estadista, bajo la nieve, se sintió más solo que nunca. Tendría que ir a Madrid, al palacio de El Pardo, a las habitaciones donde se ponía a trabajar por las tardes, pensando en España, en aquella tierra dura y desgraciada. Por otro lado, en un cajón secreto de una mesa, en el despacho rojo . . . Sí, tenía que dejar aquel lugar de muerte y de desolación, y tomar de nuevo el pulso de la vida y de la sangre resucitada.

En el coche de un guardabosques, que no preguntó nada, y que pasaba por casualidad por allí, pudo llegar a El Pardo. El palacio borbónico estaba cerrado a cal y canto; incluso el pueblo del Pardo, tan alegre otras veces, estaba más muerto que Cuelgamuros. ¿Qué podía hacer? La pregunta de siempre, la que tenía metida en su cabeza desde el primer momento, no dejaba de resonar una y otra vez. ¿Qué podía hacer?

Por fin, después de meditar unos momentos, y en el mismo coche, se presentó en Capitanía General, donde todos se quedaron mudos, pegados a las paredes, sin comprender nada de lo que sus ojos veían. Franco. Otra vez allí. O por primera vez . . . ¡No podía ser verdad! Una broma inmensa y de mal gusto, lo último que faltaba para colmar la copa de los últimos años. Aquella farsa se representaba frente a ellos, frente a los generales . . . Pero después, tras muchas consultas recelosas, los generales terminaron por rendirse a la evidencia. Una luz certera se posó en ellos.

Más tarde, roto el silencio, la sorpresa y el miedo que estaba mezclado con unas gotas de terror, pues pensaban en los denarios que tendrían que entregar al señor que llegaba, todos comenzaron a hablar al mismo tiempo, a dar consejos y cientos de sugerencias raras. Algunos gritaban, medio locos, historias pasadas de moda.

Franco, con gesto severo, impuso silencio. Todos permanecieron a su lado, en espera de unas palabras salvadoras. El caudillo declaró que se retiraba unos días a Galicia, para decidir ciertas órdenes que tenía que dar, para estudiar los primeros pasos.

Completamente de incógnito, en un coche oficial, se desplazó hasta su tierra natal y paseó, nada más llegar, por los jardines del Pazo de Meirás, donde pudo apreciar los estragos del incendio.

La primera noche de su regreso al mundo la pasó en un hotelito, en La Coruña, cerca de la Plaza de María Pita, el famoso personaje gallego que él tanto admiraba desde niño. El dueño del hotel, medio ciego, no pudo reconocer al anciano caballero que llegaba a descansar a las doce de la noche.

A la mañana siguiente, y cuando contemplaba la calle desde el balcón de su dormitorio, pudo ver un coche negro, que pasaba silencioso y lento; en su interior, con gesto entristecido, doña Carmen Polo, con ropajes negros, mostraba una sombra de profundo pesar en el rostro. La familia, se dijo el general.

La idea de España, sus problemas y sus muchos engaños y mentiras, no le habían permitido pensar en la familia, en lo único seguro del mundo, en lo más bello . . . Se sintió, lejos de ellos, como perdido y sin fuerzas para continuar la complicada tarea.

Con paso seguro, dejó el hotel y comenzó a caminar por la calle, sin rumbo fijo, sin ideas en la cabeza, detrás de un presentimiento, de una sombra de mujer, de una familia que no estaba lejos.

Todo pasó en unos segundos. El viejo caudillo no pudo oír las llamadas, las voces, ni el ruido del autobús. So notó en el suelo, con el peso de una inmensa rueda sobre su pecho. Y después, nada.

Una paz blanca, una luz en el cerebro, la cama de un hospital, y unas monjas, y unos médicos que hablaban a su lado . . . Pero algo más importante, con otra fuerza, se presentaba frente a su lecho.

Al otro lado de la ventana, entre unas nubes blanquecinas, los amigos del más allá le llamaban. Tenía que volver con ellos, no quedaba otro remedio. La historia del regreso, las treinta horas justas, se terminaba. Mejor así; no se sentía compenetrado con lo que pasaban en aquel mundo de dementes. Total, nada. Una mañana de nieve en Cuelgamuros, una charla con unos generales, un viaje a Galicia, una noche en un hotel, un coche negro que pasaba con una dama dentro, unas gentes que le llamaban en la calle, unos médicos que discutían. La eterna farsa de la vida; el principio y el final.

Resultaba delicioso meterse en la nube blanquecina. Flotar en ella, al lado de los amigos que tenía a su lado para toda la eternidad.

SOLAMENTE EL RECUERDO

Me olvidé de que te hicieron
sordo para mi clamor.
Gabriela Mistral

I

Creo que no debía de escribir esta carta, sin embargo no puedo quedar impasible frente a la injusticia, frente a la soledad. Esto que escribo puede ser algo así como una confesión o una protesta. De todas formas me acompaña en mi silencio, es un pequeño consuelo dentro de mi amargura.

Y mi silencio eres tú. Tú estás a mi lado aunque no quieras, cerca de mi sombra, dentro de mi sangre y de mis sufrimientos. Ya no podrás apartarte jamás de mí. Tu recuerdo creo que es mi amor, mi verdadero amor.

Hace poco tiempo que llegue a casa. El viaje fué largo, cansado, interminable . . . Era un mundo de frío y de viento, de otoño lluvioso y desolado el que tenía que pasar. El mal tiempo no pudo impedir que me fuese alejando de ti cada vez más, de nuestras calles, de los rincones conocidos y paseados contigo, de los viejos cafés en los que desgranábamos la tonta ilusión pasajera de un cariño. Todo quedaba a mis espaldas, blanqueado por un sol mortecino, recostado sobre las tierras amarillas y tranquilas, ajenas a lo que pasaba en mi corazón.

Salí de Madrid a las tres de la tarde. No había nadie, para despedirme, en la pequeña estación; sin embargo miré una y otra vez con la esperanza de ver un rostro conocido, una llamada, un nombre. Todos los viajeros tenían a su lado alguna persona que les decía adiós. Yo no; estaba entre todos como ausente, esperando tu llegada. Era un ser sin nombre, de otro mundo, extranjera en el mediodía de despedidas y de luz pálida. Me senté en mi asiento, en el largo coche gris que se preparaba para rodar, hora tras hora, por la meseta. Esperaba, alucinada, tu presencia. Mis ojos se volvieron, se quedaron clavados en las puertas de la estación, cuando el coche empezó a correr, indiferente, por las calles de la ciudad.

Digo que estaba alucinada y no es la palabra apropiada. No estaba en ningún estado de ánimo definido, estaba, simplemente, ausente. ¿Y sabes lo que significa estar ausente de la vida que nos rodea, al otro lado de la existencia cotidiana? No, no podrás saberlo nunca, como yo tampoco sabré tus sentimientos, tus ideas sobre mi persona.

Estaba apartada de todos, con odio, con rencor, en aquellos minutos de mi partida. Trágicos instantes que no han muerto ni morirán, para mi desgracia, jamás. Esperaba, en aquella última hora, tu despedida, unas palabras, igual que espero, día tras día, una carta tuya; me doy cuenta, un poco tarde, de que no irías a consolarme, de que no me mandarás una carta, de que no existo para tí. ¡Y tú para mí existes, no estás lejos! Es mi mal. El recuerdo de todos tus gestos, de tu risa, de tu boca, de tus manos, es mi condena, es la garra que aprieta mi corazón, que rasga mi entraña. El recuerdo nunca se enfriará, será la causa de mi condena en este mundo. Los que olvidan conquistan el mundo, los que recuerdan son pisoteados, apartados como enfermos contagiosos. El recuerdo de un amor impide otros amores, rechaza cariños y sonrisas. Nunca puede olvidar a los seres que quería; su desaparición o su ausencia sangran en mi como el primer día, con la misma intensidad del último beso, del postrer adiós. Mi comportamiento es ridículo, odioso, despreciable. No puedo, contra toda razón, actuar de un modo distinto. Alguna vez, los seres que he amado tan intensamente, se darán cuenta de todo; será tarde . . . ¡Ya mi recuerdo habrá desaparecido!

¿Y ahora? ¿Qué puedo hacer ahora? No resisto mi dolor, la soledad, el miedo. Pues es miedo lo que siento, lo que me atenaza, lo que me obliga a escribirte. Miedo de no tenerte, de no sentirte, de no poder golpear con mis manos tu pecho fuerte hasta que me respondas, amor mío. Te quiero, tu sombra es inmensa, llega desde la lejanía hasta mi habitación y se apodera de todo, entra por mis ojos, por mis oídos, por mi boca, oscurece mi interior y nunca se aleja. ¡Pero es solamente tu sombra! No tus brazos, tu pelo, tu mirada . . . Tú, lejos, ausente, perdido, no sabes de estas cosas mías. No las sabrás nunca pues no te interesan. ¡Es tan distinto tu corazón al mío!

Pudo separarse de mí tranquilamente, sin volver la cabeza ni una vez, sin sentir una llamada para ir a decirme adiós. A última hora, cuando te hablaba de mis sentimientos, hiciste la comedia de los ojos húmedos y hablaste:

—También te quiero . . . Yo . . .

Las palabras de siempre con los clásicos silencios, las frases de ocasión, las que se pronuncian en esos casos, salieron fluidamente por tu boca. Estarías acostumbrado, pensé fríamente. Acostumbrado a conocer gente, a decir que los amabas, a dejarlos en el olvido con la misma tranquilidad que si tomases un vaso de agua. Eso, un poco de agua era para tí, como una gota de aquella lluvia incesante que no nos dejó un día en paz. Tú eres un hombre que sabe muy bien lo que quiere, que conoce el camino para ir seguro. No te engañas nunca; engañas a los demás. Fuí traicionada de una forma miserable. Lo sé de ti todo. ¡Todo! Y conociendo todos tus vicios no puedo dejar de quererte. Mi amor está por encima de todo y de todos, de las cosas, de las personas; lo siento tan grande dentro del corazón que tengo miedo. Estoy como un río de invierno: repleta de amor y de dolor. Tú eres las dos cosas, entrelazas la esperanza con la desilusión. Espero inutilmente. Todos mis sentimientos son imposibles; mi querer me llega del cielo y tiene que permanecer en el cielo; tú no has visto lo que tiene de luminoso, de divino, de hermosura que nunca perece.

Solamente he amado una vez: a tí. Un espejismo de amor también nació cuando te trataba, pero todo quedó en eso, en espejismo: era Tomás.

Es tarde para todo. Te pregunto ¿lo es? Tú, nada más que tú, tienes la palabra, la contestación para mi pregunta. Sabes dónde estoy. Esperaré siempre, aunque bien sé que la espera será inútil, que jamás llegará una carta tuya, que todo ha terminado. Espero . . .

¡Y aún sé más! Sé que tú, en estos momentos en que escribo muerta de soledad y de tristeza, estás con otra. Irás con otra por la calle, por nuestros viejos lugares, por el sol amarillo de otoño. Te mirarás, alguna vez sin duda, en tus huellas y te reirás. Te reirás de mí, de mis palabras, de mis besos tímidos. Me despreciarás, como despreciabas mi cariño; incluso hablarás mal de todo lo nuestro, a mis espaldas de lejanía dirás lo que te parezca bien. Me crucificarás, clavarás los punzones de tus medias palabras en mi recuerdo. Dirás que odiabas mi carne, mi olor, mis besos, mi romanticismo de solterona a los veintitantos años; a los que nos conocieron de novios les hablarás del gran sacrificio que tenías que hacer para estár a mi lado;

que salías a la calle en mi compañía solamente por la compasión que me tenías, por la chispa de cariño que en algún momento desperté en tí. ¡Todo falso! Y falso tu fingimiento de amor.

—¡Falso, falso eres . . .!

Lo ví en el viaje, cuando venía camino de mi casa, de mi gastado y eterno refugio. Mi di cuenta de tu personalidad maldita cuando traté de detenerme en las ciudades del camino para sufrir más entre las piedras milenarias, para hacer mas largo el viaje que me separaba de tí. Eres un miserable y te amo. Te quiero mucho más cada minuto que pasa. No pude con mi dolor y ahora estoy aquí, escribiendo, esperando. Llorando, también. Las lágrimas llegan hasta el papel, las palabras que pongo son insuficientes, no dicen nada del corazón. Todo es insuficiente para dar una idea de mi fracaso, de mi desolación. Te amo. ¡Te amaré siempre.

—¡Ven, ven . . .!

Tu recuerdo es mí única fuerza y mi única alegría. Mi desgracia total. Algún día, lejano o cercano, tendré que morir, en los últimos instantes, sin duda alguna, estaré pensando en tí, en nuestro fracasado amor.

No te acuso. Mucha culpa fué mia; mi gran dolor no puede ser solamente por tí, yo tengo culpa . . . ¿Jugabas tú con fuego? ¿El juego era mio?

Estoy sola y llueve.

II

Entró en la iglesia. Había visto en la puerta, en un pequeño azulejo blanco, el nombre del templo: Parroquia de San Martín.

La iglesia era vieja, destartalada, olvidada entre casas tan viejas como ella, tan destartaladas. En el interior no había nadie o casi nadie. Clara miró a uno y otro lado y se sentó en un rincón, al fondo, donde la luz era más misteriosa, dónde se unía a la sombra. Nada mas sentarse empezó a llorar, silenciosamente, con miedo, como avergonzada de sus sentimientos, del lugar, de las personas que rezaban en la paz del templo. En su abrigo azul brillaban las gotas finas de la llovizna.

El silencio de la iglesia obligaba a Clara a recordar, por sus ojos empezaron a desfilar las figuras, queridas. Se veía en la estación, en el coche, en el asiento, mirando la calle, gris otoñal, para ver si llegaba. Mirando. Esperando.

El coche empezó a salir de la gran ciudad. Pasó por un pequeño bosque todo amarillento y acuoso dentro del clima mojado del noviembre lánguido. Los árboles, amarillo intenso, tonos de rojo y de siena, eran la viva representación de lo caduco, de lo perecedero. Clara, en la ventanilla, con la frente en los cristales, dentro de su abrigo y con una gabardina sobre las piernas, un poco ladeada, que la apartaba de su vecino como si fuese una pequeña pared, se notaba, en medio de aquel paisaje, de aquellos árboles, de aquel clamor muriente, desgraciada. Unas palabras llegaban a ella:

—Como amigos . . .

La voz de Clara sonaba en sus mismos oídos, igual que un lejano rumor de un mar desconocido:

—No, como amigos no, sería sufrir demasiado y no quiero sufrir . . .

—¿Sufrir?

—Sufrir, ¿te sorprende?, no puedes darte cuenta de lo que significas para mí.

—Pero no hemos sido nunca novios.

—Tú lo crees así, nunca te has dado cuenta de mis sentimientos, estabas al otro lado del río, lejos de mi sombra.

—¡Tus frases literarias . . .!

Clara había dicho con amargura:

—Sí, mis frases literarias que son más sinceras que tus silencios.

—Nunca he sido un sordo a tus palabras.

—Mi mal está en ser demasiado tímida, quise decir con gestos, con atenciones, lo que no pronunciaba con palabras, fué, sin duda, mi gran mal.

—Te comprendí.

—No, no lo creo.

—¿Por qué no lo crees?

—Por lo de ahora. No te das cuenta de que dices una cosa y sientes otra, de que tus palabras no están de acuerdo con tu cara.

—¿Mi cara?

—Tu cara que delata la verdad, lo que pasa por tu alma; no puedes quererme, bien, pero no mientas . . .

—No miento, desde el primer día fuí claro, yo no te he engañado para que ahora digas que sufres . . .

Clara no contestó. En aquel instante se dio cuenta de todo. No quería sufrir y pensó, sin embargo, que el gran sufrimiento empezaba con la separación y la ausencia.

Se contempló otra vez en la iglesia, en el recoleto silencio del templo. El rezo parecía un agua lejana y profunda que ponía en su monotonía palabras alguna vez pronunciadas, frases bellas que nunca morían del todo. En la marcha, Clara había encontrado el Calvario. ¿El Calvario? Frente a ella, allí en el templo, una inmensa cruz brillaba sobre cirios encendidos. Los cirios, para Clara, eran los amarillentos chopos que se deslizaban a los lados de la carretera.

—Como amigos . . . como amigos . . .

Así se habían dicho adiós, así habían quedado en el frio de la calle. ¿Quedarían así para siempre? Lejos y falsamente amigos. Clara no podía responder a aquella pregunta que una y otra vez golpeaba en su frente igual que un gran mazo de hierro.

—Como amigos . . . amigos . . .

Eran los cirios, los chopos, la iglesía y la carretera los que gritaban sin cansancio la misma palabra, la eterna cantilena odiosa . . . Amigos . . . amigos . . .

¿Qué eran ellos? ¿Los amigos? ¿Las palabras que cortaron como un cuchillo las dos vidas? Nada. No era nada. Estaba en el principio, sin solución . . . En un principio . . .

No podía ser. Ella lo quería para ella, solamente para ella, sin compartirlo con otros. Tenerlo a su lado y saber que era de verdad suyo para la eternidad. Poder mirarle tranquilamente, sin miedo de perderlo. Estar a su lado horas y horas, meses . . . años. Tenerlo a su lado, sintiendo la mirada de él sobre su piel, sobre su boca, en su garganta . . . Poder tener entre sus manos las manos fuertes y finas de él, reclinarse en su hombro, sentir el calor y la fuerza en su propio cuerpo. Pero, ¿no eran sus labios los que sentían horror por ella? ¿Miedo? Horror y miedo por lo que ella representaba, por el odio que Clara había visto en algunas de sus miradas se daba cuenta del desierto sin horizontes que los separaba. No había ni amistad; un mero conocimiento poco profundo. Un recuerdo que se agolpa en la frente.

—¡Nada más que me interesas tú! . . . Solamente contigo podría tener un amor . . . Tú . . .

¡Todo falso! Aquellas palabras eran falsas. La aventura que él esperaba, que ella soñaba para una eternidad había quedado reducida a eso: a un fantasma, a un imposible, a un soplo de esperanza, a unas tardes de paseo . . . La espera dolorosa cada vez que él se retraesaba. Después . . . nada. Ni una palabra. El silencio. El silencio que era su arma y su defensa. Su pobreza, también. Todos los ruegos, todas las confesiones, las súplicas pese a que su orgullo tenía que forzarse, no hicieron nada en aquel muro de olvido, de descortesía, de desdén. Ella no había pagado aquel desdén con otro desdén, como en el modelo clásico; ella había ido, hora tras hora, a las citas. El llegaba o no llegaba. Ya todo le era igual. Nada los retenía uno al lado del otro. Las frases quedaban temblando en los labios, cortadas en el camino. Todo quedaba cortado. Eran extranjeros. Tan separados estaban que era imposible volver atrás. Pero . . . Se podía intentar. El hablaba de intentarlo y ella lo había creido durante unos días. ¡Y aún lo creía! ¡Lo creería toda su vida! Había partido de su lado para esperar inutilmente. Así estaba ahora, en espera.

Los momentos del viaje, los recuerdos latentes y lacerantes de él, estaban entre las gotas de su sangre, en su carne, en el paisaje mojado por el que pasaba en su viaje. Todo estaba mojado, triste, lluvioso, con hojas secas, perdidas por los campos amarillos. Clara, cada vez más triste, más hierática, comtemplaba aquella desolación otoñal y la sentía en su alma. Lloraba en el campo de su alma, dorado y lluvioso. Las lágrimas estaban prontas, dispuestas; solamente una lejana, muy lejana, esperanza la sostenía, como sotenía la luz sobre la tierra un lejano desgarrón de nubes. Un poco de luz. Después la tarde que llegaba, el campo que empezaba a ponerse oscuro, la lluvia que se presentía sobre lo más alto de los árboles, un viento entre la fronda que parecía hablar . . .

—Espera . . . él . . .

El viento corría entre los pinos.

III

Es la lluvia mi condena. Ahora me doy cuenta de todo. De mis pasos y de los tuyos, de mis pecados y de tus perdones. Tengo más culpa yo que tú. Siempre has sido bueno conmigo. Yo no sabía de que forma se comportaban los hombres. Jamás pensé que podría enamorarme. ¡Y ahora estoy dentro del amor más desesperado! Desesperado porqué es tarde y no puede volver atrás.

Voy a ser sincera, a decir lo que siento. No trato de hacerte volver, pues bien sé que nunca tendrás ocasión de leer esta carta.

Nadie te volverá a hablar de mí, el tiempo borrará mi huella de tu camino, el viento no podrá poner en tu frente mis palabras, mis desconsuelos.

Estoy diciento una y otra vez que estoy sola. Sola es una palabra que no dice nada, son cuatro letras que se ponen fácilmente sobre el papel, es un sonido en el aire, entre la lluvia. También es lluvia todo lo que tengo a mi lado, frente a mí, en los ojos y en los oídos. Soledad y lluvia. Dos palabras que no interesan a nadie. Una frase un poco cursi, digna de poetas románticos que no sabían muy bien lo que cantaban.

Yo te canto.

Te lloro hondamente, con todas las fuerzas, con todos los deseos, con toda la garganta cargada de agua y de sol. Sufro y soy feliz por sufrir pensando en ti.

Son tantas las cosas que tengo dentro que no sé por dónde empezar. Te he hablado de mis sentimientos en estas cuartillas; de mi vida y de mi familia en los cortos paseos, en los cafeterías, en los cines . . . Creo, sin embargo, que todo está por decir; yo, que hablo mucho, más que tú, no te dije lo que era en realidad, que medios económicos tenía, que problemas, que salidas para una determinada situación.

No soy pobre. Tampoco muy rica; puedo tener muchos más lujos de los que gasto, viajar, hacer lo que me plazca, en una palabra. No suelo hacer nada de eso. Estoy retirada de todo lo que signifique perder el tiempo; soy una persona que le agrada trabajar, complir con su obligación, como se cumplía hasta la fecha. Creo que ahora, en estos tiempos actuales, nadie cumple con su trabajo, con su destino. Yo soy de esas personas que han nacido viejas, o acaso gastadas. Creo, también, que no estoy muy conforme con el mundo actual, con ese mundo que se llama moderno, joven, ilusionado. Es mentira. La ilusión solamente puede estar en los que trabajan, en los que se sacrifican, en los que tienen la idea del sacrificio. Naturalmente que todo el mundo tiene derecho a disfrutar de una manera buena de todo lo que ofrece la sociedad moderna. Pero la mayoría de las personas confunden el derecho; el derecho de unos con la servidumbre de los demás. Yo no. Yo no salgo de mi puesto, me quedo un poco corta en todo. Jamás te habrías marchado de mi lado si llegas a conocerme de verdad. Te gustaba el dinero, el disfrutar de las pequeñas cosas. Tú no tenías dinero, muy poco, creo. Yo, sí. Yo tenía, y tengo, suficiente dinero para los dos. Pero no podía pagar todas las cosas. No era una vieja que paga a un joven por estar a su lado, una prostituta que trabaja para su chulo. No. Yo era otra cosa. Lo sabía muy bien. Siempre lo he sentido dentro de mi corazón. ¿Y cómo podía actuar como esas mujeres sin moral? La moral, la religión, es lo único importante, lo único que interesa a los hombres. Ya te darás cuenta de esto que te digo ahora. Te crees muy moderno y eres, en el fondo, un pobre hombre, un pequeño miserable, como miserables eran todos tus amigotes que, a mis espaldas, se reían de mis «cursiladas» como decían.

Estaís todos confundidos. Es otra cosa la sociedad, la familia, los amores. ¡Los amores! Me rio de vuestras ideas, de eso que se llama «tener mundo». ¡Yo sí que tengo mundo! Yo tengo el mundo puro dentro de mi corazón. Disfruto con un amanecer, con el vuelo de los pájaros, con una nota músical, con las sombras de un atardecer sobre el campo, sobre los tejados amarillos de la ciudad. Soy feliz con todo eso, pero soy desgraciada con lo demás. Con vuestro mundo que me llama, con vuestras existencias falsas y sin fundamente, sin responsabilidad. Desgraciada por haber cruzado la senda de tu vida. Estoy en tu senda y no puede salir de ella. Quiero, deseo salir. No puedo.

No puedo y sufro. Los días no borran tu recuerdo, muy al contrario: cada minuto estás más presente, cada hora, cada día que pasa.

Digo que soy feliz con lo poco, o lo mucho, que me ofrece la naturaleza . . . ¿Pero es verdad? ¿Qué es la verdad? ¿Eres tú mi verdad? Si tú fueses mi verdad estaría ya en la misma muerte. Y la muerte me llama. Ahora mismo me llama . . .

IV

El muerto estaba allí. Dentro de la caja de pino negro el muerto tenía un sonido de reloj viejo. Clara notó el sonido de algo lejano y fatal cuando las puertas de la iglesia se abrieron y entró la procesión con aquel muerto sobre sus espaldas negras. Era un funeral.

La puerta de la iglesia, pequeña, baja, había obligado a los hombres que sostenían el féretro a inclinarlo. Dentro del féretro el muerto había sonado. Seguramente que su cabeza, golpeada contra la dura madera, había dejado manar un poco de agua blanquecina. No sangre. No había sangre en aquella hora fría de ciudad castellana, no había sangre en la iglesia desgastada y oscura, no había sangre en aquellos rostros impasibles que llegaban detrás del hombre muerto.

Las gentes murmuraban en voz muy baja, con miedo a ser oidos por los sacerdotes, por los vecinos. . . . Todo en la iglesia murmuraba, suplicaba, rezaba con los sacerdotes y con Clara.

Clara rezaba sin saber que decían sus labios, de una manera automática, lenta, con el pensamiento muy lejos de allí, al otro lado del muerto, en la orilla agitada de los vivos.

En el barrio se besaron.

Era el eterno y recoleto barrio de los Austrias, bajo la luz fantasmal de un farol de gas. Entre aquellas piedras centenarias, mirando la fachada de un viejo palacio, Clara se daba cuenta de que aquel bello momento era falso, de que una sombra de pesar y de tristeza se ocultaba detrás de todo. Todo estaba oculto y ella quería hacer eterno aquel minuto.

Imposible.

* * *

¿Qué era el beso de él? Su pecado, mas bien, su dolor, sin duda alguna. No podía olvidar las labios de fuego, la mirada triste del hombre, las palabras cariñosas, falsamente cariñosas, que había murmurado entre su pelo.

Era otoño y una agonía lenta flotaba en el aire, en las piedras viejas del palacio, en la luz mortecina de la farola. Era otoño y era algo de amor. ¿Qué más podía pedir? ¿Había tenido en otros momentos aquella dicha? No. Tenía que confesar la verdad, decir el no friamente, reconocer el agradecimiento a aquel hombre por haberle dado un momento de amor, de amor puro, como ella deseaba, como ella podía ofrecer.

¡Otro amor! Ir con otro por los caminos de la vida. Bien podía ser, pero . . . ¿quién sería el otro? ¿Qué pasaba y qué fué de aquel hombre que estaba atado allí para siempre? El muerto vivía intensamente ahora, había vivido otras veces. Moría sin morir. ¿Y Clara? Clara tenía en su cabeza un dolor fuerte, trágico. Tenía deseos de gritar, de marchar de la iglesia. ¿Iglesia? ¿No estaba en Madrid con él? El destino del muerto, ¿qué había sido? ¿Había sido bueno? ¿Malo? ¿Había amado, matado, llorado en el otoño? Seguramente que no había cumplido bien con todo. Tendría una Clara en su vida. Pero sintió amor y sería suficiente para ahora tener calor y amor en los huesos, en el espíritu que flotaría no lejos de aquel lugar santo, sobre las velas, sobre el marchito altar . . . El muerto tenía su amor.

—Bésame . . .

* * *

—«. . . mucho, que tengo miedo perderte después, quiero tenerte muy cerca . . .».

La voz del cantante parecía sonar en la iglesia. Y no estaba confundida Clara, en la iglesia cantaban, pero . . . No era precisamente una canción como aquella. Aquella canción había sido cantada en otro sitio, en otro lugar.

—«Piensa que tal vez mañana tú ya estés muy lejos, muy lejos de aquí . . . Bésame, bésame mucho que tengo miedo mi vida perderte después . . .».

—¿Tienes miedo de perderme, amor mío? ¿No, verdad que no? ¿Verdad que no piensas en mí?

Clara murmuraba una y otra vez . . . Ya no sabía si corría por los campos negros y llanos de agua de Castilla, si estaba en la iglesia, al lado del muerto, o dentro del féretro, o en un barrio tranquilo de Madrid paseando por la noche . . . O en un parque con las hojas de los árboles desprendiéndose lentamente . . . No sabía nada. Sentía su soledad, su dolor, una y otra vez. Siempre.

—«Tengo miedo . . .».

Era una canción sentimental, todo lo contrario a lo que Clara deseaba y sentía en aquellos momentos. Pese a todo, aquella canción la llamaba con una fuerza muy superior a los demás recuerdos. Aquella canción era él mismo, lo que él representaba y lo que había sido para ella. (Perderte) Estaba perdida. (El muerto también estaba perdido para la luz del mundo, para la luz de las velas) Había otra luz. Clara esperaba otra luz, sentía, en verdad, otra luz.

La otra claridad se estaba quedando muerta, seca en los caminos de lluvia. La claridad eran los besos y sobre los labios de Clara solamente el amargor de las lágrimas tenían sentido. Los recuerdos de los besos y de la canción llegaban a ella como gotas de un agua que corría sobre el horizonte en pequeñas ráfagas tímidas y presurosas. Después de cada beso habían quedado temblorosos uno frente a otro. No habían hablado nunca. No podían hablar. Ella muda por la felicidad. El callado, por miedo . . . ¿Miedo? Clara se hacía la misma pregunta una y otra vez. ¿Había tenido miedo? ¿Miedo de mí? ¡Señor . . .!

Al despedirse las mismas palabras:

—¿Mañana . . .?

—Sí, mañana.

El mañana no llegaba nunca.

—¡Habías dicho mañana . . .!

—Mañana era miércoles . . .

—Mañana es tu mañana, no el mío, bien lo sabes, no importa, te esperaré siempre . . .

—Yo . . .

Terminaron. El mañana tendría que ser el mañana. El no saber. El mañana de todos los hombres, el del tiempo; ya no sería el mañana de él, la espera por él. Tendría un poco de paz, aunque no amor. Mañana. (El muerto ya no tenía mañana. Tenía un hoy eterno y sereno. Por su frente un hilo de agua pura.) El mañana de Clara no tenía un hilo de agua en la frente. Una gota de lluvia en los ojos. Una lágrima en la cara.

Mañana. El silencio que se podía tocar se alzaba frente a los dos. Clara tenía un nudo en la garganta. El mañana era soledad. Un peso en el pecho. Llovía en la ciudad y en las almas. Estaba lejos él; olvidada ella.

Clara escribiría.

En el viaje, en la iglesia, Clara pensaba en escribir una carta.

V

Terminaré de escribir. La lluvia no terminará. Ahora, cuando estoy poniendo las últimas palabras, también llueve. Parece que el ala negra del otoño extendió su plumaje por toda la geografía de nuestra patria, parece que un cielo bajo de niebla intensa no marchará de nuestro lado. No ha dejado ni un momento de caer lluvia desde mi llegada. La lluvia pone más tristeza en todo: en los montes de mi valle, en los árboles secos que se quedan quietos sobre el verde de los prados, en el río que suena un poco más allá de mi casa. Llueve y tú estás lejos.

Quiero escribir una carta seria, serena, pero no puedo. Algo grita dentro de mí, algo me dice que toda está perdido, que ya es tarde para tomar una posición frente a la vida, para tener un poco de felicidad.

Me llegó una carta de un amigo común; no me dice nada de tí ni de lo que haces. Parece que es un hombre que no te conoce; me habla de cosas sin importancia, yo trato de leer en cada línea algo que hable de tí, nada, sin embargo, se desprende. Tú estás lejos y mi dolor cerca. Ya todas las palabras son inútiles. ¡Qué puedo hacer para salir de este camino falso! Nada me queda en mi soledad y en mi desconsuelo; he nacido marcada, sentenciada a muerte desde el primer día. Ahora, después de una tregua de veintitantos años, se cumple la sentencia. Morir.

¡Pero no quiero morir! Quiero ser como todos los humanos, poder respirar con alegría en mi valle florido, contemplar las montañas con ojos de dulzura y de paz. He pedido muy poco y ese poco me ha sido negado. ¿Cómo puedo respirar todavía? ¿De dónde sacaré las fuerzas para ir caminando entre los hombres? En estos momentos, ahora que escribo, mi familia me está llamando para comer. ¿Comer? ¿Qué es comer? Fuerzas a un cuerpo que ya no puede sostenerse. Me llaman. Te dejo por un momento.

* * *

He terminado de comer. No llueve. Una hora es suficiente para modificar el clima de una ciudad, de un paisaje. Una hora es suficiente para modificar el paisaje de un alma. Me siento otra mujer. Cuando escribía más arriba las lágrimas salían prontas de mis ojos. Lloraba por tí y por todo lo que había perdido. Creo que tenía hambre y ahora no la tengo. Somos tan poca cosa que el cuerpo lastra al espíritu. Tenía hambre y estaba triste, lloraba y llovía en la calle.

Es diferente ahora.

Tu recuerdo ya no es tan vivo. Parece haber perdido claridad al mismo tiempo que la lluvia se marchaba. Tendría que llorar por ser tan débil, pero no lloro.

Te recordaré siempre, con cariño e intensidad. No existirá otro hombre en mi historia de mujer vieja . . . Pero tú serás, cada momento, más lejano y desconocido. Creo que lo que digo es verdad. Con el tiempo serás un desconocido.

¡Y tengo miedo! No quiero perderte de mi recuerdo. Las palabras que ahora pronuncio son falsas. Quiero poner alegría en estas horas, despreciarte un poco, decir:

—Soy más fuerte que tú . . . Te tengo olvidado para siempre.

Amor mío. ¡Nunca podré olvidarte!

Amor mío. ¡Jamás te apartarás de mi corazón! Soy tonta al escribirte otras cosas. ¡Soy tuya para siempre! Mi mente, mi valle, mi río, eres tú. ¡Tú eres el sol de mis días, la claridad de mis sombras!

Te quiero, te esperaré siempre, eres más importante, para mi vida, que la sangre que golpea mi corazón.

—¡Piensa en mi amor alguna vez!

BARRIO DE LA NOCHE

Tanto vale aceptar el misterio y poblar la ciudad de símbolos, y el campo de presencias. Y amar todo esto, con cautela desesperada.

Cesare Pavese

I

—San Pablo murió hace diez años en La Argentina.

Jorge miró a Tomás por un momento sin pestañear, después apartó de él su mirada y movió la cabeza una y otra vez. No tenía ganas de escuchar las tonterías de aquel viejo y sin embargo comprendía que tendría que soportarlo en aquella noche hora tras hora; los demás no se molestaban en dirigirles la palabra; estaban muy entretenidos mirando lo que pasaba a su lado, contemplando a todos los presentes que se afanaban por deslumbrarse unos a otros con miradas de fuego.

Aquel bar era pequeño—negro, azul, sin luz—y estaba lleno de humo. Jorge inclinó la cabeza y esbozó una sonrisa; Tomás, animado, continuó:

—Hay un libro que lo dice, y cuenta la segunda parte de la vida de Jesucristo; la primera, claro está, no fué la que escribieron los llamados evangelistas, sino la que El mismo escribió en París hace unos cuarenta años.

—¡Jesucristo!

—Sí, Jesucristo ha tenido otras muchas reencarnaciones en los últimos siglos.

—¡Usted está loco!

—¿Loco? ¿No comprendo?

—Pues . . . ¿Por qué le da por decir esas tonterías?

—Son verdades.

—¿Y se extraña que le llame loco?

—¡Ah!, ¿no sabe que yo soy espiritista?

—¿Espiritista?

—Sí, ¿no le había dicho nada doña Laura?

Doña Laura dejó de hablar con su marido y preguntó a Tomás:

—¿Qué decís de mí?

—¿Usted no le dijo nunca a Jorge que yo me dedicaba al espiritismo?

Doña Laura inclinó su cabeza de pelo teñido, su cabeza de bella matrona que nunca ha tenido hijos y contestó indiferente:

—No sé, acaso no le haya dicho nunca nada, pero . . . ¿es de verdad espiritista?

—¡Pues sí!

—No creo mucho en eso—replicó doña Laura al mismo tiempo que esbozaba una sonrisa.

Tomás quedó callado. Su rostro horriblemente arrugado se contrajo de pronto apretando la comisura de los labios en una rara mueca. El marido de doña Laura y Felipe, un jovencito que hasta entonces no había hablado y que miraba con insistencia para un hombre que se sentaba en la barra, contemplaron a Tomás entre asombrados y curiosos.

—Yo creo en el espiritismo—dijo Felipe con una voz cascada que sonó a falsa en aquellos momentos.

Tomás, después de tirar de su corbata clara, de hispanoamericano, continuó hablando algo indiferente:

—En verdad uno no sabe que postura tomar cuando se habla de espiritismo, es un tema que casi todos desconocen en España, y por otro lado yo no soy partidario de hablar de ello.

El extraño grupo quedó silencioso. Todos parecían grandes amigos y sin embargo . . . ¡Eran tantas las cosas que unos desconocían de los otros! Tantas . . . Hasta la pobrecita Luisita, una vieja medio derrengada que los acompañaba y que parecía dormir sobre la mesa, era una desconocida; una peligrosa desconocida en aquella noche de primavera lluviosa en la cual un grupo de personas, que solamente estaban atadas por los lazos de una pensión común, se habían decidido a tomar una pequeña libertad visitando unos cafés nocturnos, unos cafés situados detrás de la Telefónica, en el corazón mismo de Madrid, a dos pasos de la Gran Vía.

El largo silencio sobresaltó a Luisita que pareció salir de un largo sueño.

—¿Qué dicen ustedes? A mí me agradaría ser caballero para salir sola por la noche, por esas calles apartadas.

Pablo, el marido de doña Laura, se rió descaradamente, con la confianza del cansado mesonero que conoce bien a sus clientes:

—¡Esta Luisita! Siempre con las mismas de querer ser un caballero. Los caballeros, Luisita, son unos pelmas de tomo y lomo, y la mayoría con mucho más lomo que otras cosas.

El bar estaba en aquellas horas de la noche en su momento cumbre; la barra parecía sostener a todo un gran rebaño de raros animales que de cuando en cuando estiraban el brazo hasta la boca para dar un sorbo al contenido de un vaso; el vaso era depositado otra vez en la barra y los ojos de todo el rebaño se posaban en el humo que llenaba la minúscula habitación, en las caras de los otros, en el espacio sin fronteras de la falta de pensamiento. Todos parecían estar cumpliendo con un rito misterioso y sagrado, un rito complicadísimo y largo que iba, poco a poco, enloqueciendo a los celebrantes, pues los ojos, los párpados, todos los músculos de las caras se contraían lentemente en una mueca trágica o risible. Y pese a todo, ellos eran felices, un poco felices y desesperados al mismo tiempo, por estar allí, en aquel bar caro, a altas horas de la noche, fuera de la mirada, de la palabra y del pensamiento de sus familiares, de sus amigos. Se sentían solos en la noche, lejos, en otro mundo. Una inconfesable sensación de culpabilidad hacía que todos se mirasen francamente a la cara, como apoyando, en el gesto, el sentir, la desesperanza o la ilusión preocupada por un deseo que se realizaría seguramente dentro de pocos momentos, estar, el resto de la noche, unidos con uno de aquellos seres del bar o del bar cercano. Todos se buscaban en las sombras de la noche, en el calor de los bares nocturnos, en aquellos rincones híbridos, un tanto atrayentes para el forastero . . .

Felipe trató de decir algo, quiso decir algo, pero una mueca alargó su boca antes de que pudiese hablar:

—Yo no creo en nada de eso que dice usted, Luisita. Usted está muy contenta con ser mujer, lo mismo que eso del espiritismo se dice sin sentirlo de verdad.

Y antes de que Tomás pudiese responder Luisita gritó:

—¡Lo importante es tener un corazón de oro!

—¿Un corazón de oro? ¿Y para qué quiere un corazón de oro?— preguntó Felipe.

—¡Un corazón de oro! . . .—la voz de Luisita se tornó aguardentosa e impresionante. —Si todos caminasen por el mundo con un corazón de oro las cosas tendrían otro brillo muy diferente, mucho más hermoso. ¡Pero nadie tiene un corazón de oro!, todo más un corazón de hierro pintado con purpurina que al pasar el tiempo se queda ferruginoso, horrible; el corazón es un candado que guarda algo tan desagradable que los hombres no lo pueden ver. Todos ustedes son muy jóvenes y acaso tengan en el corazón algo de oro, algo que todavía brilla pese a los malos metales de que están rodeados. ¡Si mi corazón fuese de oro . . .!

El grupo estaba callado, sorprendidos de las palabras y del tono de aquella pobre mujer que hasta entonces nadie había tenido en cuenta.

Pero pronto se olvidaron de todo, querían divertirse aquella noche y no preocuparse por nada . . . No pensar en sus problemas de todos los días, en sus inseguridades.

Luisita pensaba en el pecado que estaba cometiendo al visitar aquellos lugares, el correr de bar en bar como una loca cualquiera que buscase amor o dinero. Ella no estaba para aquello, nunca lo había estado, y ahora . . . Al contemplar lo que tantos años había conocido por referencias estaba contenta de haber vivido de una forma diferente.

Los otros, los jóvenes, acaso soñaban dentro de aquel bar, y seguramente esperaban por un gran amor, por un amor que llegaría de un momento a otro, con una gran aventura, y de esta forma se pasaban la noche, las horas de la noche de engaño en engaño, sin darse cuenta de la verdad, sin notar el fracaso que caminaba al lado del amor encontrado en aquel lugar.

Tomás, el viejo indiano, no pensaba; estaba cansado de aquella compañía que unas veces parecían creer en sus palabras y que otras se reían delante de él. Notaba que las personas eran distintas, raras y distintos a él. ¡Había pasado tantos años fuera de España!

Doña Laura y su marido eran los más contentos del grupo; por lo menos tenían cara de satisfacción.

Una voz cantaba cerca de ellos.

II
LUISITA

«¿Para qué voy a Misa todos los días? ¿Para qué pido a Dios por mi marido y por la otra? ¿Por qué . . .? ¿Para qué . . .? ¡Sí yo soy igual que ellos! Llego a estos sitios por placer, por verdadero deseo que tengo dentro de mí desde hace mucho tiempo . . . Por algo más que curiosidad, por encontrar aquí lo que he perdido hace tiempo, lo que he perdido desde que mi marido se fué con la otra . . .».

Luisita miró con ojos cansados y recordó otros tiempos, otros momentos parecidos. Se veía en el jardín de la casona de sus padres. Era el día de su compromiso oficial con Julio. La tarde era radiante, y en el cielo unas nubes blanquísimas jugaban en el azul puro; de tarde en tarde pasaban por el aire pequeñas bandadas de grajos que gritaban al posarse más allá del pueblo, cerca del río.

Ella estaba contenta del brazo del Julio, paseando entre los árboles, los dos solos, apartados de los familiares que charlaban en la terraza. Se besaron una y mil veces; ella con placer, él con deseo. Luisita sentía el aliento del novio sobre la piel de su cuello, de sus brazos desnudos. El corazón de Julio gritaba bajo la blanca camisa lo mismo que los negros grajos en el cielo.

Luisita suspiró al mirar ahora, frente a ella, otras caras medio congestionadas; le parecía que tenía delante de su propia mirada otra vez a Julio como en aquel día, con la piel brillante, las venas fuertes en el cuello, las manos temblorosas que se posaban en su espalda o en su pecho. Y ella tenía miedo, igual que ahora entre aquellos forasteros, entre aquel rebaño dormido. Nunca había dejado de ser una niña, una niña pequeña y mentirosa.

Sonrió tristemente, con miedo, con disimulo, como tratando de ocultar algo. De ocultar su propia vida.

«¿Por qué le conocería? Si aquel día no llego a ir al baile todo sería ahora distinto, no había perdido mi vida, todos los años . . . Tendría paz, otro hombre que mirase por mí, no estaría tan sola, no tendría remordimientos, sin la inseguridad que llena mi sangre, que me hace sufrir . . . Aquel día . . . Y ahora, para siempre con su recuerdo clavado en el corazón, con su presencia viva en mí, eternamente. Es ya mi marido hasta que muera y sin embargo él tiene otra mujer, unos hijos que no son mis hijos . . .

El . . . Y yo sola. Abrasándome una y otra vez en la temible soledad. Antes era distinto, tenía a los padres, a los tíos . . . Ahora, sola, completamente sola . . .»

Y la voz que cantaba parecía decir en los oídos de Luisita una oración:

—Mi vida sin tu amor . . .

«Mi vida sin tu amor vive de mentira, falsamente. Y en todas las noches pienso en tu cara, en tu risa, en tu boca alegre. Te recuerdo, te quiero todavía, siempre . . . No duermo, no puedo dormir y apartar tu recuerdo de mi memoria de plata».

—Ya no podrá vivir . . .

«Pero es mentira, siempre se vive, incluso cuando se pierde toda ilusión, cuando se pierde a todas las personas que se ha querido. Yo he estado sola desde niña, entre los amigos, entre la familia . . .».

Los años pasados se agolpaban ahora en su mente, en la retina cansada del ayer; y la obligaba a recordar, a pensar . . .

Pocas veces había reído de niña cuando jugaba con las otras niñas o con sus primas mayores y más fuertes que ella. En todos los momentos de sus primeros años sentía un miedo que la obligaba a permanecer callada, apartada de todos. Y pese a todo ella sabía muy bien que no era diferente a los demás, a sus amigas, a sus primas, pero . . .

Acaso fuese un poco orgullosa, un poco tímida. La mentira anidaba fácilmente en su pecho, como una paloma en su palomar. Sin pequeñas mentiras no podía vivir, eran para ella más necesarias que el aire, que los pocos alimentos que tomaba lentamente con la desesperación de su madre.

Mentiras. Mentiras . . . En aquellos instantes del bar se daba cuenta de que había sido una mentirosa, y que la mentira la había obligado a ser diferente, desconfiada, temerosa de todos. Desde niña que no ponía la confianza en nadie, ni en sus padres, ni en sus primas; y todos terminaron por hacerse los indiferentes con ella, los olvidadizos. Después, cuando fué mayor . . . ¡cuántas mentiras!, pequeñas conspiraciones para ser como las amigas frente a los hombres, frente a los jóvenes que salían con ellas. Y mentiras. Falsedades. Siempre temblando como la rama seca en el invierno, como el pájaro débil en los fríos de enero. Temerosa. Distinta, y, sin embargo, sufriente, más que todas, como ella sola.

Su novio fué otra mentira, otra conspiración. Una mentira más difícil, más larga, que nunca terminó, ni después de la boda, ni después de la separación. El novio fué, igual que sus amigos y sus familiares, un desconocido, uno más, un paseante de las calles grises. Nunca había sido un hombre plenamente para ella, sí una sombra que se alargaba sin final en sus años, en sus inquietudes y temores. Su marido apenas un viajero que se fijó en su cuerpo tembloroso, en su cara pálida de mentirosa, de mujer que nunca miraba con franqueza.

Y se creía profundamente religiosa, verdadera católica, con la llama de Dios en su costado, sin darse cuenta de que la iglesia era solamente el velo de su persona oculta, falsa. Los que la conocían la tomaban por una beata, sin darse cuenta de que estaban engañados, sin notar que hasta ella misma se engañaba en su falso fervor, en su misticismo loco que oscurecía su personalidad. Ir a Misa, al rosario, a la iglesia una y cien veces al día era una costumbre, una mera costumbre sin luz y sin verdad. Ella no se fijaba en nada, no tenía caridad, no pensaba en Dios; la iglesia fué una sala de fiestas donde no necesitaba estar mintiendo continuamente, ¿o era al contrario?, ¿no mentía al ir sin fervor al templo? . . .

Con la tonta alegría que le proporcionaba el alcohol en aquellos minutos sin vida quería desnudar su pasado, sincerarse con ella misma, sin tener en cuenta a los demás, a doña Laura, a su marido, a los dos jóvenes, al viejo Tomás . . .

Pero tenía miedo. De ella y de todos, de las voces y de los gestos. La humanidad eran meras muecas ridículas que se ofrecían a su mirada, y desde unos días atrás eran como amenazas, odios, apretados contra ella.

Miedo de ellos, de las caras desconocidas, de los años . . . Sí, la gran verdad era que tenía miedo de los años, de la enfermedad que la minaba lentamente según los médicos; rápidamente según su pensar. Y con la enfermedad no podía mentir, no quería mentir; trataba de ser franca, de borrar todos los años, todos los sucesos de su falsa existencia. Y era imposible. Volver atrás era imposible. Vivir en un momento corto todas las escenas que ya estaban muertas era, en verdad, una locura, un gigantesco imposible que no conducía a nada, ¿o sí? Acaso sí; así lo había intuido aquella noche después de cenar cuando la invitaron por cortesía a salir. En el pasillo que conducía a su habitación había pensado en ser como los demás, en hacer lo que hacen todas las mujeres y todos los hombres que caminan por las calles de la ciudad sin temblar, sin miedo, ¿o ellos también tenían miedo, también temblaban? ¿también mentían? No eran distintos, ¿eran sinceros . . .?

Los años pasaban para todos, las enfermedades llegaban para todos, y ella no tenía ya miedo de su enfermedad, pues siempre había estado enferma; aquel viejo Tomás que presumía de estar muy sano, lleno de salud, podía muy bien morir antes que ella, mucho antes que ella.

No le importaba morir, aunque no quería morir antes que su marido, antes que él y la mujer. Necesitaba verlos morir, no por rencor, por necesidad, para quedar tranquila aunque fuesen unos meses solamente, unas horas, unos segundos; y ser sincera el resto fugaz de su existencia. Ella había mentido, pero siempre por necesidad, no por gusto. Seguramente que mentía de pequeña por falta de fuerzas para ser como las primas o como las amigas, como todas las jóvenes que tenían novio mucho antes que ella.

El marido, más tarde, y la otra mujer la obligaron a mentir año tras año; no podía ir por la calle diciendo a las gentes que su marido la engañaba, que su marido quería apartarse de ella, que su marido no vivía ya en su compañía, que tenía hijos con otra mujer; que por debilidad, por miedo—como siempre—saludaba a los hijos del marido, que los quería, que hacía que los quería, que en realidad los odiaba, como al marido, como a la otra, como a todos. Los odiaba. Nadie había tenido compasión de ella, de su pequeña persona, de su cara pintada, de sus ojos asustados. Indiferente para todos, poca cosa, sin importancia para el mundo, para los suyos. Nunca encontró a nadie que se sintiese obligado a ella, a sus necesidades, o a sus caprichos; y por eso no tenía caprichos, casi no tenía necesidades; y él le daba malamente para cubrirlas, para comer y vestir un poco medianamente. Y así, desde hacía veinte años, rodaba de pensión en pensión. En pensiones frías, pobres, sin alma. Por casas que no eran de ella; por casas, negras, sin sangre, de otros . . .

¡Estar sola! ¡Qué fácil era decirlo, qué difícil asumirlo hora tras hora, meses y meses, toda la vida! ¡Su vida! Sentía deseos de llorar por todo lo que había pasado, por lo que faltaba, por el largo sendero ceniciento que no tenía final. Llorar por la poca tranquilidad, por la mucha mentira, por no ser feliz nunca. Llorar. Y su corazón le decía que llorar en aquellos momentos era mentir también, ser falsa otra vez. ¡Pero no quería continuar así!, no podía repetir los mismos gestos, decir las mismas palabras, machaconamente, una vez y otra. Insistentemente.

¿Podría hablar y decir su vida? No. Nadie la escucharía, ni por cortesía. En aquel bar, en aquel instante era inútil, y más tarde lo mismo. Con aquellas personas no se podría caminar en el recuerdo; el marido de doña Laura empezaría a contar otras historias sin hacer caso a sus palabras, a su confesión, a sus recuerdos cansados de vieja, pues para ellos, incluso para Tomás, ella no era más que una vieja a la que no se pone atención, a la que no se le puede dar una hora, y mucho menos una hora en aquella noche que pasaba con prisa, con premura.

Era poco propicio el hablar, decir lo que sentía. No ganaría nada con ello; y no quedaría más tranquila confesando lo que guardaba en su corazón desde la niñez, lo que tenía en sus pulsos dede los primeros años, lo que guardaba con miedo, casi con avaricia. Decir ahora su verdad y su mentira no conducía a nada. Estaba condenada a caminar hasta el ocaso sin poder hablar; condenada a la mudez eterna, a la mentira, a la falsedad de los pequeñas cosas, y, por lo tanto, a la soledad.

Pero aquella noche era distinta. Un rayo de luz se proyectó por un momento en sus ojos cuando la invitaron a salir después de la cena, y quería encontrar esa luz, lo necesitaba; y era inútil, no existía la luz, aquel pequeño rayo estaba apagado, es más, no había lucido nunca, no lograría verlo en ningún sitio, en ninguna cara, en ninguna frase. Fué, lo mas seguro, una alucinación. La luz no brillaría para ella, por lo menos aquella luz que deseaba en lo profundo de su alma. Todo era sombra. Oscuridad.

La noche era opaca; era la noche más opaca que recordaba, más negra, más desconsoladora. Y sombreaba todas las caras que reían en el bar. Que lloraban en muecas tristes de lujuria y de impaciencia. Todos eran cadáveres igual que ella. Muertos obligados a vivir por unas horas en aquellos bares de la noche, en aquellos círculos del mal placer, en aquellas profundidades de dolor, de indefinida tristeza.

Todos eran muertos amarillantos, muertos que al día siguiente estarían otra vez en sus fosas, en los verdes cementerios del remordimiento y del asco. En la mañana blanca escupirían sobre las flores secas de la lejana virginidad, de la castidad imposible, de la claridad presurosa de unos corazones de niños pisoteados. Y estarían cansados ahora, y al día siguiente, y al otro, y al otro . . . Los muertos amarillentos de aquellos bares estaban condenados como ella a no poder encontrar la luz, a no poder hablar sinceramente, a no poder mirar la radiante esperanza del mediodía. Ellos en las sombras, en las cavernas de la lluvia de fuego, en el frío de las estatuas de sal, en el lago profundo de la duda y de todo dolor. Ellos y ella así, con la cabeza contra el suelo, con la mentira a flor de labio, con la lengua partida, y con la cara, y con el labio leporino, y con las manos apuñaladas.

Condenados en la sombra.

¡Y la luz! ¿Brillaría para ellos la luna? ¿Tendrían madrugada refrescante sobre sus frentes marchitas? ¿Los músculos fuertes volverían a cubrir los huesos blanquecinos y apolillados?

No lograba contestar a nada. Con la cabeza inclinada se veía muerta, arrastrada por los suelos del bar llenos de vasos rotos, de bebidas rojas y azules que le entraban por los ojos, por las venas abiertas, por la boca cortada en un gran tajo. Voces niñas la llamaban, y ella no lograba contestar, no podía contestar con la garganta cortada, con la boca llena de sangre y de bebida. Las voces niñas eran de sus primas, de sus padres que la llamaban desde muy lejos, desde el otro mundo, desde la eternidad.

Y voces niñas la llamaban cuando estaba muerta sobre los vasos rotos del bar. Manos niñas se alargaban por su cuerpo, por sus huesos rotos, por su cintura atada a la mesa; pero incluso atada a la mesa no se estaba quieta, corría de un lado para otro del bar, y el bar con ella, y las mesas, y las sillas. Todo daba vueltas sobre sus ojos abiertos desmesuradamente, sobre su boca llena de raro licor pastoso.

Sus compañeros también giraban en aquella vorágine que no tenía fin, en aquella rueda de feria que no paraba ni un segundo, en aquella caracola variopinta con todos los ruidos del mar dentro de sus pliegues.

El bar, todos los del bar, giraban en círculos azules, y verdes y rojos, y amarillos. Giraban y giraban con ella en el centro, con ella sosteniendo todo el suelo, las mesas, las sillas.

Luisita cerró los ojos y las voces niñas cesaron. Sus compañeros le hablaban al oído, muy cerca, muy raramente . . .

III

Ellos miraban para Luisita y luego reían despacio, sin ganas, con un poco de compasión en la risa, en la sonrisa blanda del que está cansado.

Estaban callados, mirando a la mujer que había bebido un poco más de lo necesario y que reía o suspiraba con la cabeza en la mesa, con los blancos cabellos entre los cristales.

Tomás tenía ganas de hablar pero no se decidía, esperaba que los demás dejasen de mirar para Luisita, para la pobre vieja que con una copa de vino ya no respondía. El deseaba continuar hablando del espiritismo, de los grandes hombres que se dedicaban al espiritismo, a la ciencia oculta y desconocida . . .

Jorge tenía una cara cansada, como de niño pequeño al que se obliga a permanecer en la mesa con los mayores cuando en verdad tiene sueño, ganas de ir a la cama y dejar aquellas tonterías que no conducen a nada positivo.

Tomás miró a Luisita y vió que la pobre mujer trataba de alzar la cabeza por entre los altos vasos azulados. Pensaba.

«Aquella tarde, antes de casarme, estaba detrás de la rosaleda del jardín, cuando sentí algo muy triste en el corazón; aquella impresión la tengo presente en mi recuerdo . . .».

Doña Laura y su marido murmuraban en voz baja en una esquina de la mesa, apartados del resto de los acompañantes; de vez en cuando miraban furtivamente con una risa en los ojos.

Felipe estaba triste.

Uno de ellos dijo algo de ir a otro sitio, a otro bar del barrio. Luisita sentía deseos de correr de un lado a otro, de conocer todo lo más posible, de llenar en unas horas todo el vacío de sus años. Acaso soñase con un amor.

«Amor, amor, en estos años quiero estar otra vez a tu lado; ahora te siento de nuevo como aquella noche al lado de las plantas del jardín. Amor, tú, el hombre que supo mirarme, el ser que alargó su mano para tener entre sus dedos mi corazón tembloroso. Amor, hombre de mirada oscura, total. Tu mirada, ahora recuerdo muy bien tu mirada, y tus ojos, y tu cuerpo como la primera vez que lo contemplé desnudo delante de mí. Un cuerpo fuerte, seguro de si mismo, atrayente como nada hasta entonces conocido; pero yo fuí muy poco para tí, lo sé, lo comprendo en esta noche. No tenía la seguridad que se nota en los rostros de los que toman bebidas en la barra, o de los que tratan de contratar el amor en las mesas oscuras del fondo. Tú, hombre mío, tú por el que yo ahora tiemblo y me devoro hasta quedar convertida en una pobre ceniza sin remedio, te diste cuenta de que no era nada mi cuerpo, mi espíritu, mi deseo siempre contenido. ¿Dónde estás ahora en estos meses, en estos días que no sé de tí, de tu cuerpo, de tu mirada, de tu corazón, de tu mano segura alargada hacia mi pulso, hacia mi vida toda? ¿Es tu cuerpo igual? ¿Y tu voz de amor? ¿Y tu mirada de placer . . .?

Hombre que ahora te comprendo, que ahora disculpo tu olvido de mí. Hombre que precisaste todo el tiempo de mi vida para aparecer ante mí ahora tal como eres, como siempre, como serás hasta el fin. Hombre que conoció muy pronto mi ruina, mi miedo, mi fracaso. ¡Poco más de una noche! ¡Y ahora toda la noche que no tiene fin! ¡Hombre que naces en esta noche de sombra! Tu recuerdo es suficiente para hacer latir mis sangres profundas, dormidas, soterradas, para hacer que yo tenga aún razón de respirar, de beber, de ver a los hombres, a las cosas, al aire, para poder caminar lo que me falta de camino. En el risueño instante de este momento de alcohol yo te pido, te imploro, para que permanezcas a mi lado espiritualmente. ¡Serás mi fuerza y mi razón de vida, no mi cruz ni mi dolor que tenía que ocultar! ¡No volveré a tener envidia, ni miedo de nadie! Seré sincera contigo, y con ella, y con tus hijos, y con todos . . . Esta noche me es suficiente como alimento. Amor.

. . . Y no lloraré cuando vuelva a verte al lado de esa mujer. Tú fuiste el instrumento de esta verdad que ahora pude contemplar en la noche. Hombre de mi paso callado. Hombre de mi aurora lejana y cercana.

Hombre. Amor . . .».

Luisita sonrió con su cara marchita y reseca por los años. Sonrió y se dió cuenta de que todo era hermoso, de que todo merecía la pena de ser vivido.

Salieron a la noche. A la calle silenciosa bajo las estrellas, a las casas calladas con sus habitantes dormidos, muertos, esperando la llegada de los tiempos.

En el cielo brillaban los ríos de las constelaciones. Ríos blancos y amarillos.

Todos respiraron fuertemente como si saliesen de un profundo pozo donde el aire había desaparecido; en la calle se sintieron otros seres más libres, más alegres, apartados de un sufrimiento inconcreto, y sin embargo tenían deseos de entrar, de saturarse totalmente, en otro bar, en otra atmósfera negra de humo y de calor humano.

El viento de la alta noche los serenó pronto y notaron un alivio en los párpados, en los músculos del cuello, en todo el cuerpo entumecido por el largo tiempo que habían pasado sentados en la pequeña esquina del bar.

A Luisita se le fueron pasando los efectos del alcohol, y al entrar en otro establecimiento se encontró bien del todo.

El nuevo bar donde entraban parecía hermano gemelo del otro, con el mismo humo y con los mismos rostros humanos apurando bebidas con premura.

IV
TOMÁS

Antes de entrar en el bar Tomás había mirado el cielo, había contemplado las estrellas brillando en lo alto, suspirando en la noche, temblando en la oscuridad. Las estrellas eran para él parte importante de su vida, de sus pensamientos, de sus ilusiones.

Desde niño se había acostumbrado a mirar con amor y cariño el cielo, los astros lejanos y misteriosos que parecían decir a los humanos mensajes raros y prometedores. En su Extremadura, lo mismo que en América más tarde, las estrellas tenían un brillo especial para Tomás, un significado, una frase cargada de promesas.

Y ahora, sentado en el bar, veía las estrellas luciendo sobre la tierra parda de Extramadura, sobre su pueblo pobre perdido contra una montaña, sobre el raquítico rebaño de ovejas que caminaban antes del alba hacia los pastos secos de los minúsculos alcores.

También brillaban las estrellas, pero más intensamente, sobre la tierra de La Argentina, sobre La Patagonia, sobre los rebaños inmensos desparramados por la llanura que no tenía fin.

Los recuerdos del viejo Tomás se juntaban en aquella noche de Madrid, en aquellas horas distintas a todas sus horas, a todos sus momentos, a todos sus trabajos.

El, aquel viejo sin personalidad, aquel hombre que trataba de deslumbrar a unos jóvenes con frases sobre el espiritismo, había trabajado de firme año tras año, decenio tras decenio.

Primero cuando era niño en el pobre pueblo de Extremadura; cuando era un pastor flaco y mal vestido que corría por los rastrojos, por los senderos polvorientes, detrás de sus ovejas, detrás de todas las ovejas del pueblo. Su rebaño, en los días de sol, se confundía con el duro sueño, con las plantas de tomillo o con los altos cardos de las riberas poco sombrías de los riachuelos.

Se veía así, pobre niño extremeño de mirar triste, de cansado andar, de lentas respuestas a los pocos caminantes de sus sendas polvorientas y soleadas. El había oído hablar de unos hombres fuertes que se marcharon por los caminos de Extremadura para ir a perderse al mar, al agua, a la llanura azul. El había oído decir que aquellos hombres llegaron a tener oro más brillante que las mismas estrellas, y por eso, en las noches, en el pueblo, solía mirar a lo alto, a los luceros que desparramaban su luz sobre las casucas, sobre los tejados de paja y de barro.

¡Hombres que al mar se fueron! El los veía caminar en la noche plateada, sobre las sendas de la luna, con rumbo al mar, con destino en lo lejano, en lo desconocido. Y él, desde su pueblo de luna y de misterio, desde su tierra de sol y de polvo, soñaba con los hombres que lograron oro, plata, otra vida que no era correr detrás de las ovejas, de los negros grajos, del perro color canela.

Se prometió ir hacia el mar. Se dijo mil veces que él, cuando fuese mayor, también marcharía por aquellos caminos que morían en el mar, por aquellas sendas que terminaban en tierras desconocidas y ricas.

Y había cumplido sus palabras, sus ensueños de niño pastor por los campos amarillentos. Había ido a América, a toda la América que habla en castellano.

Estuvo de peón en Méjico, en una factoría de un rico paisano suyo; después marchó a Costa Rica y allí pasó los mejores años de su vida; allí se casó y empezó a hacer su primer dinero. Su mujer, descendiente de franceses, le hizo ver otro mundo muy distinto al mundo que él había conocido, al mundo que él había sentido sobre sus carnes de pastor o de peón.

Pero su mujer murió antes de que pudiese afianzarse, conocerse bien a sí mismo. Para él fué el golpe más duro de su juventud. No volvió a conocer a más mujeres, se encerró en su reserva, en su larga tristeza. No pudo continuar en Costa Rica y pasó de uno a otro país, por último llegó a La Argentina.

Y las estrellas grandes de La Argentina brillaron para él, para su fortuna, para su destino de hombre trabajador, sobrio.

En La Argentina, lo mismo que en los otros lugares que había recorrido, las imágenes de su tierra, su niñez, su pequeño rebaño de ovejas, su padre viejo, el pueblo apretado contra la iglesia, no se borraban de su mente. Siempre había deseado hacer dinero y regresar, no para toda la vida; una temporada, unos meses con los suyos, que ya no serían suyos, que ya no estarían en su recuerdo, que serían otros, pero que vivirían como él había vivido, que andarían sobre la tierra de su niñez, de los penosos años de su niñez.

Se veía continuamente niño en el pueblo, más que recuerdo era enfermedad. No lograba apartar de su mente aquellos años hondos, duraderos, eternos. Por muchas tierras que desfilasen ante él la suya, la parda Extremadura, estaría pegada en su retina, en sus alientos de hombre emprendedor. Se había moldeado en la espartana tierra de su patria, en el duro roce del trabajo desde el alba hasta la anochecida. Sus delgadas piernas de niño se tornaron de hierro mucho antes de la edad viril, su pulso firme no temblaba cuando lanzaba la piedra lejos para llamar, para conducir el rebaño.

Siempre niño, con la tristeza del niño en la entraña había caminado por todo el mundo nuevo, por las vírgenes tierras de América, por las llanuras que no sabían del final. Los rebaños de La Patagonia fueron sus rebaños de infancia, y se notó otra vez en sazón, en primera juventud, igual que si el tiempo no hubiese pasado, como si los años no se fuesen marchitando entre sus brazos; por el contrario, acaso como consecuencia de un misterioso mecanismo, se notaba mucho más joven, más emprendedor, más seguro de su fuerza y de su ilusión. Toda la sed de su Extremadura se volcaba ahora sobre los ríos grandes y serenos de América, sobre los campos de pasto interminables que llameaban en las tardes o en los amaneceres.

El poco dinero ganado en Costa Rica se multiplicó lentemente en La Argentina; la pequeña estancia que no tenía casi animales se hizo insuficiente para tantas cabezas de ovejas que iba comprando o que nacían en los establos o sobre la tierra roja de su propiedad.

Se notaba, por un lado, hombre seguro, firme sobre el mundo; con una posición digna, que le alentaba para futuras y grandes empresas, y sin embargo no estaba contento, su alma de soñador, su lejana alma de conquista no había muerto del todo, no estaba apagada, alentaba en él, siempre había alentado, y por eso, ahora, le llamaba, le pedía, le increpaba una y otra vez. Se notaba descontento porque en lo más profundo de su ser una llama, o una brasa, le quemaba lentemente, le cosquilleaba la sangre. Y en esta intranquilidad estaba hasta que llegó Julio.

Julio llegó a su estancia una mañana de verano en el mes de enero; se presentó a pedirle trabajo, y, aunque en aquella época no necesitaba más gente, le admitió inmediatamente, sin preguntarle nada, sin oír ninguna palabra de presentación. Le había sido suficiente una mirada, una fugaz mirada, para saber que aquel hombre era un eslabón importante en la cadena de su destino. Fué un presentimiento, una llamarada que llenó de rojo su vista, que le ocultó el mundo, el mundo en el que vivía o en el que creía vivir desde años atrás.

Los primeros días de la llegada de Julio fueron más o menos iguales a los días pasados, a los meses muertos sobre la llanura brillante, pero Tomás esperaba algo, tenía la certeza de que algo tenía que suceder, que en el aire tirante del verano se estaba fraguando el hierro que cortaría las amarras con el pasado, con la monotonía, con el silencio de la estancia, de los hombres y de los animales.

Julio era un buen peón, complía fielmente y con destreza los menesteres que se le mandaban, no se quejaba de nada, parecía siempre estar contento, alegre, aunque Tomás sabía que era una alegría falsa, forzada; que detrás de su risa algo inconcreto se ocultaba, se nublaba intencionadamente.

Cierta noche Tomás pudo ver a Julio recostado al lado de una pared de los corrales. A primera vista no tenía nada de particular su figura, su postura y su cara, y pese a todo Tomás tuvo un presentimiento, notó algo enigmático flotando en el aire, en la atmósfera hueca de la noche; las estrellas brillaban intensamento en lo alto y, por la lejanía del horizonte, había como un halo de luz azulada. Tomás notó que era la inmensidad de la Naturaleza lo que sobrecogía su corazón, la grandiosidad de los cieles en contraste con aquel hombre inclinado contra el suelo, apoyado en la pared, tratando de fundirse con el polvo, con las sombras, con el silencio total de la llanura en sombras.

Tomás se acercó lentamente al peón, como impulsado por una fuerza magnética, obligado a caminar por ocultas mentes. Julio no le miró apenas, parecía esperarle, en su cara se notaba como una interrogación por la tardanza del que llegaba. Y empezaron a hablar.

Tomás se encontró con que la noche estaba ya muriendo, que se habían pasado las horas mientras ellos estaban sentado en el suelo, mirando las estrellas, hablando incesantemente de algo que él desconocía, de algo de lo que apenas había oído hablar . . .

Y después de esa noche su vida fué diferente, y la de la estancia, y la de los que en ella estaban. Muy lentamente Julio tomó una personalidad muy distinta en la estancia, y con Julio una etapa empezaba en la carrera de Tomás, en la existencia del pastor de Extremadura.

* * *

En aquel bar nocturno de Madrid el viejo caminante de las rutas del nuevo mundo, el hombre fuerte que se enamoró una vez en Costa Rica, pensaba en la magia de las cosas, del tiempo, de los seres humanos que andan y andan sin conocerse, sin darse cuenta de lo que son, de lo que representan, de lo que llevan muy dentro, de lo que precisan hacer para realizarse en verdad. Tomás pensaba y meditaba entre la duda y la luz, ¿estaba engañado?, ¿o era Julio el engañado?, ¿o eran todos los que pensaban igual que ellos? ¿eran ellos solamente los que tenían la verdad y caminaban con ella entre la indiferencia de los demás? En su interior sabía muy bien de su engaño, del engaño de Julio, de la verdad del mundo, ¡pero no podía decir que no!, no quería . . .

No podía, sinceramente, decir que sus últimos años habían sido falsos, tontos, inútiles. No se humillaría ante todo el mundo, ante aquel jovencito que le tomaba por loco o ante una vieja chiflada que todavía pensaba en el amor como la Sara biblica. No daría su brazo a torcer por nada del mundo, no existían palabras para sacarle de su mundo, para quitarle de la cabeza lo que creía verdadero hasta cierto punto, lo que más que verdadero era, para él, necesario, era el poco aire que le quedaba en aquel ahogo sin fin, en aquel esfuerzo desesperado de hombre que lucha contra fuerzas desconocidas.

Tenía pensado todos los peros y contras de aquel asunto del espiritismo, fueron cientos los días y las noches que había pasado hablando y discutiendo con Julio. Las respuestas del iniciado dejaban sin posible contestación sus dudas; y no solamente los diálogos con Julio, sino las lecturas de aquellos libros que nunca se terminaban, que salían de la maleta mugrienta del peón uno tras otro como por arte de encantamiento.

Habló, pensó y estudió horas y horas, meses, llanuras de tiempo sin puesta de sol. Aquel mundo desconocido, oculto, peligroso, se fué aclarando poco a poco, con miedo, igual que la amanecida en el invierno. Tomás dudaba al principio, tardó mucho en ceder, en permitir que su mente fuese conducida por el callado peón que en las noches interminables de la estancia se transformaba en un verdadero mago.

Al principio, en verdad, sentía la risa, o el miedo, correr por la boca, por los dientes que temblaban blancos en la oscuridad de la noche. Julio, pese a todo, con mano segura, le fué mostrando la caracola de multiples resonancias, el poliedro de mil reflejos oscuros, hasta que él se llegó a sentir tan inmerso, o más, que el propio peón.

Julio ya no trabajaba en las faenas de la estancia, y él mismo dejó las ocupaciones en manos de algún criado. El tiempo era corto para las muchas cosas que necesitaban hacer; los dos juntos se pasaban las horas encerrados en una habitación durante el día, y sentados sobre la llanura mirando el cielo, por las noches, cuando el viento murmuraba en la charca lejana, sobre los chopos tristes del camino o sobre los tejados de las cuadras calladas y dormidas entre un palpitante calor animal.

El peón, al principio, casi no hablaba, decía pocas palabras que muchas veces no tenían casi significado, después guardaba largos silencios con la cabeza contra el cielo, los ojos cerrados, las manos en el duro suelo. Tomás esperaba impaciente otras palabras, otras frases que uniesen el collar roto de tantas ideas desconocidas, de tantos velos grises y ocultos que el peón le mostraba.

En la estancia nadie parecía extrañado; los peones estaban todo el día fuera de la casa o demasiado cansados al final de la jornada como para hacer averiguaciones de las lecturas o de las charlas del dueño. Notaban que Julio era algo raro, que cumplía una misión un tanto sospechosa, pero lo excusaban pensando que en aquella parte de La Agentina había pocas mujeres . . .

* * *

Pasaron tres años antes de que se decidiese a hacer un viaje a Europa. Los libros, y el mismo Julio, le decían que existía algo más, que no todo terminaba en las líneas impresas o en las palabras fáciles del peón. El notaba, y creía presentir en el aire, la fuerza gigantesca de los espíritus, de los seres del más allá. Empezó a mandar cartas a personalidades del espiritismo que estaban en Europa, pero las respuestas no eran claras, o no llegaban, o le aconsejaban cosas disparatadas; una de las personalidades que vivía en Italia le pedía dinero en un español muy poco correcto.

Tomás estaba perplejo, se veía en una encrucijada, en un punto muerto del cual no lograba salir pese a los estudios y a los consejos de Julio; se desanimaba con frecuencia y eran las necesarias réplicas del peón para que tornase al estudio, a la meditación y al éxtasis. Unas veces notaba un gran cansancio en todo el cuerpo, y otras veces una intranquilidad profunda que no le permitía estarse quieto en ningún lugar de la estancia. Por fin un día se decidió a partir.

Marcharía a Europa, se pondría en contacto, personalmente, con muchos hombres que necesitaba conocer. En compañía de Julio planeó el viaje, se marcaron los puntos a estudiar, los planes y la forma de ejecutarlos, se miraron, muy bien, todos los peros y los contras. Y Julio, en aquellos instantes, le fué mucho más eficaz que nunca. El marchaba contento, dejaba la estancia en manos de Julio emprendiendo el camino de regreso a Europa con un alma cargada de bellos pensamientos, de esperanzas . . .

* * *

Llegó a España y rápidamente pasó a Francia y a Italia, más tarde a Alemania, en todos los sitios se encontraba con grandes sorpresas, las personalidades que se dedicaban al espiritismo eran, a su lado, unos principiantes, o, por lo menos, no lo tomaban tan a pecho como él. Le miraban con estupor, le contestaban en idiomas desconocidos que los intérpretes traducían siempre mal por no estar familiarizados con aquellos temas; casi todos se dedicaban a otras ocupaciones y el espiritismo era un tema para matar el tiempo, para pasar el rato, para entretener sus ocios de viejos o de chiflados. Ninguno de los visitados por él parecía normal del todo, tenían en los ojos cierto brillo de locura, ocultas mentiras, despreocupación casi total en algunos de los casos. Los temas que le parecían más interesantes eran tirados por el suelo por cualquiera de los espiritistas que, por otro lado, se dedicaban a estudios que más parecían de tontos que de personas cuerdas. Unos estudiaban, año tras año, el canto de los pájaros, o el ruido de los mares, o las piedras azules que encontraban en los caminos; otros se pasaban el tiempo contemplando el crecer de las plantas en macetas rotas, el brillo de la piel de algún gato negro o el ojo amarillento de aves nocturnas. Tomás se encontró con un grupo de magos medievales, de brujos que daban risa en lugar de respeto o de temer.

El desaliento se apoderó de todos sus proyectos, de todas sus esperanzas de su cuerpo. El desaliento y la honda convicción de que iba por un puente falso, de que sus pies podían, de un momento a otro, fallar. Se veía fracasado por las calles de Berlín, por las riberas de París o de Roma, su corazón se apretaba entristecido. Caminaba por naciones desconocidas inutilmente hasta que una noticia de América le abrió los ojos por completo: Julio había desaparecido de la estancia después de esquilmarla, después de robarla totalmente.

Regresó a Madrid.

* * *

En la capital de España, en la pensión de doña Laura, se notó ridículo, pobre, inocentemente viejo. ¡Y no quería! No quería delante de aquellos jóvenes estudiantes ser un indiano sin cultura, un soñador fracasado, un luchador que al final de su combate es timado y escarnecido. Comprendiendo su fracaso rotundo no quiso repudiar sus últimos años, sus estudios falsos, sus preocupaciones idiotas; se ató al espiritismo desesperadamente, a la destartalada momia de su inconsciencia totalmente. Así—él lo creía de buena fe—siendo espiritista tenía una personalidad ante los demás, ante aquellos seres de una pensión europea que seguramente darían su cultura por unas pocas cabezas de ganado de América, de su estancia, aunque sus propiedades después de la fuga de Julioi pocas cabezas de ganado tendría; pero que presumían de saber, de conocer, de poder hablar de todas las cosas del Universo.

Se hacía pasar por espiritista como otros trataban de hacerse pasar por condes, claro que él tenía más derecho a decir que era espiritista que otros muchos a decir que eran cantantes o pintores; el podía lucir su mercancía en cualquier momento, y sentía, en verdad, vivos deseos de mostrar su saber. Trataba de disimular, de hacerse el interesante, para descubrirse por último, aunque él no se daba cuenta de que había sido decubierto desde el principio, desde el momento que aparcía luciendo sus claras corbatas y sus trajes casi tropicales, grandes, de corte no europeo.

Con sus arrugas era igual que una viejísima cortesana que tratase de hacerse pasar por virgen. Le calaban por el sitio de más pecado, pero acaso aquel calar, hondo o superficial, era también parte importante en su existir. Se encontraba mucho más gastado, viejo, sin ganas ni deseos de nada, su camino ya habría terminado en aquella pensión de Madrid; no se encontraba con fuerzas para realizar todo lo que aún le esperaba, tenía miedo con sólo pensar en América, en la estancia, en sus trabajos y sus ganancias rotas.

Toda la furia estaba convertida en remanso, en pluma de paloma, en gota de aire, en sueño . . . en sombra. Nada le quedaba de la fuerza de Extremadura, de sus ensueños de pobre pastor corriendo por el aprisco. Los años le desgastaron sin posible mudanza, era ya inútil tratar de aparentar, de querer ser joven; el río gigantesco del tiempo se había llenado sobre él, era falso decir lo contrario, navegar sin viento, deslizarse contra la corriente. Así estaba, totalmente cansado, sin aliento para hablar, para sentir en su sangre el fuego de la lucha, la brasa inmensa de la esperanza.

¡América! Desde el bar de Madrid era una ilusión, América parecía no existir, por lo menos no para él, no para sus complejidades, no para sus problemas; pero sería mortal no enfrentarse con sus problemas, cerrar los ojos frente a una verdad desolada. Precisaba continuar el camino empezado en la niñez, en su juventud extremeña, caminaría hasta el final aunque después solamente la muerte esperase al final del camino. La muerte y la desolada realidad del fracaso, de los trabajos perdidos, de los años consumidos en América, en la reseca tierra de Extremadura.

¡La muerte! Pero incluso terminar era una paz en aquellos momentos sin salida. Deseaba poner fin en el capítulo largo de Europa pero no quería empezar otro nuevo en la estancia. ¡Estaba todo tan lejos! Era igual que un sueño de una tarde de invierno; sueño profundo, total . . .

V

—Las fuerzas del espiritismo son mucho más fuertes de lo que la gente supone . . .

—¿Qué clase de fuerzas son las que pertenecen a ese mundo desconocido?—preguntó con su voz apagada Felipe.

Tomás no contestó de momento, bajó la cabeza con gesto cansado y después continuó:

—Son fuerzas imposibles de controlar, algo así como corrientes magnéticas que van de un mundo a otro, de la luz a la sombra, de nuestra sombra a la claridad de los que viven en el más allá. Los espíritus son entes de luz, seres luminosos con fuerzas tan poderosas que se pueden poner en contacto con nosotros. Los seres de luz están en todas partes, necesitamos saber mirar, saber abrir los ojos; pero nosotros, los hombres, estamos dentro de las tinieblas si nos comparamos con ellos.

—¿Seres de luz?—preguntó en esta ocasión doña Laura.

—Seres de luz o formas fantasmales como algunos espiritistas los llaman. Algunos estudiosos de este tema, sobre todo los alemanes, llaman a los espíritus, a los seres del más allá, cuerpos espíritu-magnéticos; pero el nombre es lo de menos . . .

—¿Se preocuparon en España de estudiar el mundo espiritista? —preguntó de nuevo Felipe.

—En España, hace algunos años, teníamos muchos espiritistas importantes. Una chica de Barcelona tenía escrita una novela sobre el mundo de los espíritus, creo que su título era más o menos algo así como «Voz de la noche» . . .

—Pero sería un folletín sentimental—replicó sin ganas Luisita.

—Nada de folletín—gritó Tomás—, ese libro es muy importante, y por otro lado no sabe uno dónde empieza el camino del folletín o el sendero del verdadero arte . . .

Jorge no dejó terminar de hablar al indiano, el joven, que parecía apartado de la charla, empezó a hablar lentamente:

—No estoy en nada de acuerdo con usted; yo creo, y me parece que es una norma clara que no se puede discutir, que el arte tiene unos límites muy perfectos siempre que sea arte; el folletín, lo que se entiende por folletín en España, no es arte ni nada que se le parezca. Supongo que esa novela de la chica de Barcelona puede tener mucha importancia para ustedes los espiritastas aunque supongo que valor literario no tendrá; naturalmente yo no soy un entendido en literatura pero ese título nunca me sonó . . .

—No—le aclaró Tomás—esa novela es casi imposible de encontrar en España, lo mismo que la mayoría de las publicaciones sobre el tema del espiritismo, no olvide usted que en nuestra patria el ser espiritista, o dedicarse al estudio de ese tema, está, más o menos, fuera de la ley; puede ser una medida muy justa y necesaria, pero sinceramente para mí es una medida peligrosa.

—¿Peligrosa . . .?—esta vez fué el marido de doña Laura el que pareció mostrarse curioso con el tema del espiritismo que Tomas no soltaba.

—Quiero decir que es una medida poco conveniente, muchas personas sienten inclinaciones por este tema, por este mundo tan cargado de misterio, y se entregan a maniobras peligrosas, desagradables, poco bellas, y todo por no saber lo que es el espiritismo, por pensar que es una cosa pecaminosa, fuera de la ley, y por lo tanto tema que se tiene que tratar en la oscuridad, en la sombra, cuando en realidad es una ciencia como otra cualquiera; ciencia poco estudiada, es verdad, pero ciencia igual que la Física o la Medicina o la Historia.

—¿Está penado por la ley el espiritismo en España?—trató de informarse Felipe.

—No le puedo contestar—le dijo Tomás—. En América, en los paises por los que pasé todo el mundo hablaba del espiritismo con toda naturalidad, y no se penaba, no siendo que los estudiosos de esta ciencia, pues no es otra cosa que una ciencia pura, se dedicasen, con la disculpa del espiritismo, a negras maniobras, ya que por su misma forma el espiritismo está supeditado, más que otra disciplina, a lo tenebroso, a lo delictivo.

Por un momento el grupo de la pensión de doña Laura se quedaron callados, sin saber que decir o que preguntar al viejo Tomás, que por otro lado parecía estar dispuesto a contestar, con creces, a todas las preguntas que se le hicieran sobre aquel tema. El indiano daba la sensación de ser un pobre profesor de pueblo que tratase por todos los medios de lucir su ciencia a los aldeados crédulos y torpes; un triste profesor que veía marchar sus años sin poder hacer algo sonado en la ciencia, en el arte, en la literatura. Tomás era apenas eso: viejo profesor a la aventura de las calles de un perdido pueblo de montaña; desesperado, desesperanzante, espíritu de profesor. Aquel hombre viejo que había rodado tanto por las llanuras de América era, en aquellos momentos, igual que un profesor de la romántica Alemania, un hombre como otros hombres de Europa que hubiesen entregado sus vidas, con sus esperanzas y sus deseos, al fuego sagrado de la cultura, a la llama silenciosa y terrible del saber.

—¿El espiritista necesita de medium?—se informó Felipe con un destello en la mirada.

—No; algunas veces, sin embargo, la medium favorece mucho el trabajo, yo conocía a un gran espiritista que necesitaba de medium, pues de lo contrario no podía hacer nada.

Y Tomás recordó por un momento al viejo chiflado de Italia que llamaba continuamente a su hija, la cual sabía mucho más que el padre sobre espiritismo, recordó al viejo que le hablaba siempre de dinero y que no quería saber nada de espiritus ni de entes de luz o de sombra.

Ahora, mucho más que en los meses de su viaje a Italia, comprendía al pobre profesor, a la hija delgada de cara de hambre y a toda la familia que pululaba por el pequeño piso de Roma. Ahora, él era igual al viejo italiano, igual a la hija hambienta, a la nieta de mirada melancólica. . . . El estaba, lo mismo que todos los profesores de Europea, con la duda entre ceja y ceja, con la mentira en la verdad, y con la verdad en sombras. Admitía las contestaciones francas y casi descorteses de aquellos dos jóvenes que estudiaban en la pensión, sabía, y comprendía, aquella chispa de burla de los ojos de Jorge o aquel falso interés de Felipe; él no era tonto, no estaba fuera de la realidad de las cosas corrientes de todos los días, comprendía muy bien las palabras, las ideas y las preocupaciones de los españoles tan apartadas del espiritismo y de todo lo que el espiritismo representa.

Luisita pronunció casi sin darse cuenta un nombre que llamó la atención a Tomás:

—También Flamarión . . .

—¿Conoce usted algo de Flamarión?—preguntó Felipe interesado.

—No, nada de particular, yo . . .

—Pero la chica de Barcelona tiene más importancia que Flamarión—tornó a decir Tomás, que parecía tener la obligación de hacer la propaganda de la chica desconocida y olvidadada desde el principio por toda la masa de lectores de España.

—Esa chica de Barcelona o de Tarragona no creo que tenga mucha importancia—replicó Luisita precipitadamente.

—Mucha—le salió al paso Tomás—, mucha importancia; lo que sucede es que no se la conoce aquí, y usted no está muy enterada de los escritores importantes de espiritismo que han tenido en España, sobre todo en los años del veinte al treinta.

—Sí, en los años de la tontería—le murmuró cansadamente Luisita.

Tomás pensó que aquella mujer era tonta; el tenía la certeza de que la mayoría de las mujeres eran idiotas y ahora estaba decidido a sostenerlo, pese a que estaban también enteradas de muchas cosas, y de que algunas, pese a sus años, no se habían entregado a la despreoccupación; aquella Luisita, pese a sus tonerías, era un buen ejemplo de gran señora y de gusto en el hablar y en el vestir, con sus años a cuestas tenía ganas todavía de ponerse pintura en la cara y en el pelo, de llevar sobre los hombros pañuelos de discreto colorido y ropas juveniles. Tomás empezaba a sentir simpatía por aquella mujer separada del marido; simpatía y desprecio, pero las dos cosas juntas . . .

En el bar nadie podía leer sus ocultos pensamientos, sus temores y sus mentiras, sus ideas sobre el espiritismo y sobre aquellos seres que estaban sentados a su lado.

Felipe, en aquellos momentos, estaba muy preocupado por la suerte de los escritores de temas espiritistas.

VI
FELIPE

Felipe notaba, dentro de su cuerpo cansado, la muerte. Desde muchos años atrás un vacío gigantesco se había apoderado de todos sus músculos, de todos sus sueños y de todas sus fuerzas.

Muy de niño sufrió una larga enfermedad que le dejó débil durante mucho tiempo; en verdad nunca se había repuesto del todo; una desgana espiritual había sido el centro de sus tiros, de sus singladuras, de sus senderos pobres y cansados.

En el colegio, durante el bachillerato, sus compañeros de estudio no le hicieron ningún caso, le consideraban un cero a la izquierda en todo lo que supusiese un esfuerzo físico, una marcha, una competición con otros colegios. Los compañeros, sin darse cuenta, le apartaban de sus juegos, de sus disputas, y él casi no se había dado cuenta, le había parecido lo natural, lo lógico. Era, entre los jóvenes llenos de fuerza y cergados de pequeñas aventuras, una sombra en la que nadie se fijaba, una sombra que casi no se proyectaba en las blancas paredes de los largos corredores del colegio. Así había pasado siete años de su vida, en los corredores solitarios, sin compañía, sin voces amigas, sin palabras, sin risas de amigos. Desde los altos corredores, en las serenas tardes de la primavera o del otoño, él oía las risas lejanas de los compañeros en los campos de juego, en los prados que rodeaban el edificio. Y él solo, con el silencio de las paredes blancas, con el miedo del niño enfermo, con la timidez del que es siempre niño. Ahora, igual que aquellos otros que estaban a su lado en el bar de Madrid en la noche, se veía más niño, más tímido, más solo y desamparado. El precisaba unos brazos poderosos, unas palabras llenas de seguridad, una risa franca y serena, y algunos hombres que pasaban a su lado, por las calles del mundo, parecían tener lo que él deseaba, lo que necesitaba, lo que le pedía su sangre desde la niñez. ¡Pero era inútil!, todos le negaban la seguridad, la firme piedra contra la resaca que le metía cada vez más en el mar del miedo y del desengaño.

Estaba cansado de buscar la seguridad, la fuerza y la voz que le sacase de aquella voragine. Todo inútil, todo imposible para su timidez delgada, para su esperar ilusionado. Y contra toda esperanza él esperaba.

En el colegio era igual con las notas de las clases: estudiase o no estudiase siempre le ponían aprobado, pero aprobado nada más, nunca nota, nunca una pequeña felicitación por los buenos estudios. Era sombra en todo. Pequeña oscuridad en los corredores altos de un gran colegio de provincias.

Los otros años fueron también grises, teñidos de gris pasaron sin pena ni gloria, nada llegó ni nada se marchó, en sus brazos quedó retenido el tiempo, los rumores del pasado fueron siempre presente, las esperanzas del ayer fueron esperas en el hoy, y acaso en el mañana, en el siempre, y en la espera de ayer, de hoy, del mañana, del pasado mañana. Toda su vida era una hora, aquella hora, la gris, la de su existencia en las paredes claras del colegio, en los muros oscuros de las ciudades, en los salones públicos o en las negras y apartadas casas de la prostitución de ideas.

En Madrid, después de terminar el bachillerato, la sombra se hizo un poco más clara, algunos oscurísimos repliegues tomaron un poco de luz del azul puro del cielo. La gran ciudad—él era de una pequeña capital del sur—le daba un poco de fuerza, un trozo de risa, un pedazo de seguridad; la risa de la ciudad entera que reía en las calles, que lucía su poderío en los cafés, en los cines, en los trenes y en los coches.

Claro que la risa y la fuerza de la ciudad no eran cosas que él pudiese concretar, sentir en su piel, en su entraña cansada y empañada. Madrid era distinto y era igual a sus mundos de niñez, a sus lejanas risas presentidas desde el colegio . . . La ciudad no era medicina salvadora, todo más una pequeña componenda para su soledad sin remedio, para sus ocultas esperanzas, para sus desconocidos deseos.

El mismo se veía pequeño, sombreado, cansado mucho antes del esfuerzo. Tenía miedo frente a los sucesos más pequeños, su corazón se agitaba por cosas tontas, y era un gran sacrificio el tomar las vacaciones o el empezar otra vez las clases, todo ello suponía una diferencia de un día a otro mucho más penosa de lo que en realidad era.

Frente a las mujeres su conducta era aún más tímida, más miedosa, más callada. No se definía en el amor como el invierno no se concreta en el mes de octubre, él era una llama casi apagada con unos deseos metidos en lo profundo de su cueva, en lo oscuro de su carne que también sentía la gran llamarada de la vida. El mundo del amor era un mundo aparte, apenas presentido, nunca comprendido del todo. Su profundo miedo por la vida radicaba en el amor precisamente y lo sabía muy bien, intuía como una lejana llamada desde los primeros años de su formación, desde los primeros meses después de nacer. Un cosquilleo sentimental le llegaba de vez en cuando; su ser se agitaba si otros se fijaban en él, en su cara, en su cuerpo, en su forma de hablar.

Era tímido. Nunca se puso en traje de baño delante de otros compañeros, y los mayores sufrimientos de su vida fueron cuando necesitó desnudarse delante de algún médico. Siempre vivió solo, nunca quiso habitaciones con otras personas en las pensiones por las que había pasado. En el colegio, de niño, no se daba plena cuenta de su miedo, pero según los años pasaban aquel raro pudor era cada vez más fuerte.

Dos fechas, dos momentos, tenía en su mente: las dos primeras, y únicas, veces que se trepezó con una puta en el portal de su pensión. Estas cosas que suceden a todo hombre continuamente le habían dejado una profunda huella, una marca que no desapareció del todo, que afloraba muchas veces, con lenta forma, crispando sus nervios, atenazando su risa y su afán de ser feliz. Estaba anclado tierra adentro, atado a su condena sin límites, sin isla y sin estrella, sin ola y sin remo para pasar por el largo canalón de su mar proceloso. Así estaba, en la arena sepultado, en el bosque que tapaba con sus árboles la vista del agua, del bello mar, del sol sobre el azul que caminaba.

Era un tímido, un hombre nacido para la soledad, para el silencio de los sexos; y, sin embargo, se estudiaba detenidamente, trataba de conocer esas ramas que cerraban el paso a su mirada, la vista del mar, del agua que le llenaría de paz y de amor. ¡Amor! Amor que no estaba allí, en el bosque verde del descontento y de la envidia, del miedo. ¡Amor! Amor que no estaría esperando su mano y su paso, su voz y sus deseos. Eso era él, un insecto en el bosque que lucía sus hojas de brisa frente al amor. Hojas de viento en el mismo viento, ¡y él en la tierra!, ¡en la arena reseca de la tierra adentro!

Tenía miedo, miedo de enfrentarse con la gran verdad que gobernaba el mundo, y miedo de conocer algo más que sabía muy bien por lecturas o por conversaciones de amigos. Se negaba a todo estudio de su íntima existencia, no se mentía pero tampoco se declaraba con sinceridad, con gallardía. Comprendía perfectamente que no había nada anormal en él, que solamente el miedo le apartaba de aquellos caminos que sus compañeros recorrían alegremente, despreocupadamente desde los primeros años de la temprana juventud. El era sombra, sequedad en la sombra; el mundo de la carne no brillaba en su ventana cerrada, sus amigos jamás le propusieron ir con ellos a ciertos lugares, y no se detenían a comprenderle pero le intuían, se callaban, no le hablaban nunca de ciertas cosas, y sin embargo . . .

Allí estaba la pena, la sorpresa del mundo que no llega a conocerse, la traición de los oscuros dominios de la carne, el ímpetu de sus deseos que permanecían guardados en lo profundo del arcón espiritual. No tenía remedio, era desgraciado, como desgraciados eran otros muchos seres, los hombres de aquellos bares eran desgraciados, y las mujeres de ojos pintados, y los compañeros de la mesa, de la pensión de doña Laura; desgraciado tenía que ser aquel pobre indiano, y el otro estudiante, y la vieja de Luisita, y el marido de la dueña de la pensión. Todos eran unos desgraciados reunidos en aquel momento en un bar de Madrid; reunidos para olvidar, para tratar de perder su desgracia entre las otras desgracias. Unos tristes hombres reunidos igual que un juicio nocturno ante jueces que se ocultaban en las sombras, en la oscuridad de las últimas mesas, en los pliegues de la cortina del fondo.

Felipe creyó que no estaba en un bar, en un lugar de diversión; le parecía encontrarse en una gran sala de justicia en la cual las palabras falsas tenían un significado distinto, y entonces, más que nunca, notó un gran miedo, un punzante dolor corriendo por todo su cuerpo, por toda su piel blanca.

Pensó en la pensión de doña Laura; en la pensión se sentía mucho más tranquilo que en otras partes, más tranquilo incluso que en su propia casa, con su familia, con sus conocidos de la edad infantil. Doña Laura y su marido nunca preguntaban lo que hacía, ni en que empleaba su tiempo, sus horas del día o de la noche; por otro lado los escasos huéspedes de la pensión tenían una vida muy distinta a la suya; el único joven, y también estudiante, Jorge, hacía poco tiempo que vivía con ellos y aún no eran amigos, simples conocidos que se limitaban al saludo de la mañana o del mediodía en el comedor, la cena no llegaba a unirlos casi nunca.

En la pensión, en el corazón mismo de Madrid, rodeado de miles y miles de personas tenía miedo igual que en su ciudad, pero era un miedo distinto, más pequeño, más disfrazado de congoja que de otra cosa. El no salía por las noches, no iba al encuentro de un modo de vivir que golpeaba su criterio; nunca visitaba aquellos bares nocturnos que se estaban multiplicando con gran rapidez en su barrio. Y, sin embargo, él conocía lo que se ocultaba detrás de aquellas puertas que solamente lucían su madera brillante por las noches cuando los luces verdes o rojas se encendían en las primerosas y llamativas fachadas; meditaba en lo que ocultaban las puertas majestuosas y terribles, en lo que se ocultaba detrás de la espalda de aquellos porteros pomposamente vestidos, de lo que había al otro lado de las paredes de anuncios llamativos y exóticos.

Todo lo sabía desde siempre, parecía que con él había nacido un sentido para darle a conocer lo desagradable y negro de la vida, y precisamente aquello desagradable era lo que le llamaba algunas veces llenando de miedo todo su ser. Unas voces le llamaban, unos deseos pardos le apretaban la garganta, le atenazaban, le increpaban para obligarle a cumplir con ellos, para que fuese como aquellos hombres de ojos brillantes que andaban despacio por las calles de las ciudades, como aquellos hombres que tenían otro sexo. El pensaba en aquello que ocultó durante muchos años, en aquello que no tenía nombre concreto, en el misterio . . .

VII

Aquel bar era mucho más pacífico que los otros. Era un bar menos importante, más barato, puesto con menos gusto, con menos gasto por parte de los dueños.

En aquel bar Tomás estaba muy tranquilo, no hablaba casi de sus conocimientos de espiritista, de sus viajes, de los profesores que había conocido en Roma o en Berlín. Estaba callado, lo mismo que Luisita o el matrimonio.

Jorge, por el contrario, parecía encontrarse mucho más contento con grandes deseos de charlar y de profundizar en el tema del espiritismo; él, que hasta aquellos momentos había permanecido apartado de la charla general, se mostraba, ahora, de una manera muy distinta. Sus preguntas se sucedían con gran rapidez y como conducidas por misteriosos y desconocidos hilos interiores.

Jorge ya no era un joven estudiante que hablase de un tema más o menos conocido, era un hombre con una llama interior que afloraba por los ojos, con una brasa candente en las palabras que le tamblaban en los labios, en las manos que se alzaban frente a sus compañeros que mostraban un desconcierto intenso. Ellos no conocían al hombre joven, al ser que parecía salir de un cuadro del Greco; era así: llama oscura, llama interior; era así: igual que un verso de un poeta místico.

—Tiene usted, Tomás, que decirme mucho más sobre el espiritismo, me interesa.

—¿Que le interesa?

—Sí, mucho.

—¿Por qué?

—No le puede decir nada, no sabría concretarlo, simplemente lo siento en mi interior, es como una fuerza de esas que usted hablaba antes que se apoderó de mí sin que yo pudiese darme cuenta, y no es mentira lo que digo, es verdad . . .

—Si, le creo. Me sucedió a mí lo mismo hace muchos años en América, me interesé de buenas a primeras por el tema del espiritismo.

—¿Cómo empezó en usted?

—Creo que fué la influencia de un hombre, de un hombre que llegó de tierras desconocidas para hacer de mi un ser miserable.

—¿Un ser miserable?

Jorge, y todos los demás, se quedaron sorprendidos de aquellas palabras del viejo indiano; Luisita y doña Laura pusieron una cara más que curiosa esperando con interés una aclaración de lo que había pronunciado Tomás.

—Mi vida—continuó el indiano—es muy distinta a lo que ustedes suponen. Creo sinceramente que estoy engañado, muy engañado y no puedo permitir que un joven como usted, Jorge, empiece a interesarse por un tema que es falso desde el principio al fin.

—¿Falso?, ¿qué es falso?

—El espiritismo, naturalmente.

—¿Pero usted habla en broma sobre el espiritismo? ¿Nos ha estado hablando en broma toda la noche?

—¡En broma no!

—¿Cómo, pues?

—No soy bromista, soy un mentiroso como mentirosos son muchos seres en este mundo.

Luisita se puso colorada, notó que los ojos del viejo estaban posados en ella y comprendió que para aquel hombre nada permanecía oculto, que su espiritismo, falso o no, era una fuerza concreta, verdadera, que el espiritismo de que hablaba aquel hombre residía en su misma entraña, había nacido con él igual que un don profético, igual que una lección de vida muy bien comprendida, muy bien estudiada. Luisita bajó la cabeza y pensó que aquel viejo indiano que parecía un pobre campesino o un pastor hambriento de soles y de lluvias, de pan y de vino, era un gran hombre, una gran persona curtida en los vientos de la existencia dolorosa, en las brisas de todo el mundo, en los alientos de todos los hombres. Se encontró con que estaba equivocada en aquello igual que en otras muchas cosas.

Tomás hablaba:

—Hace muchos años, cuando yo era aún joven y lleno de fantasía, llegó a mi casa, en La Patagonia, un hombre pidiendo trabajo; yo no le pregunté nada, le admití en el acto sin preocuparme de dónde era, de lo que sabía y de lo que deseaba hacer. No pensé en nada pues noté que con aquel hombre mi vida apartada y melancólica, mi vida perdida en una llanura sin fin, sería otra desde aquellos momentos. Fué igual que una tempestad, imprevista de repente sobre el campo, sobre las dunas de la llanura. Fué una negra nube de verano que dejó rastros duraderos, y . . .

Antes de que terminase de hablar doña Laura le preguntó:

—¿Es preciso que nos cuente su vida? ¿No será doloroso para usted esta confesión?

—No—replicó Tomás—creo necesario darles a todos ustedes, y en especial a Jorge, una aclaración de mis palabras de toda la noche, una respuesta a ese tema del espiritismo.

—A mi no tiene que darme nada—le dijo Jorge con franqueza, con simpatía en el gesto.

—Creo que es mi obligación con ustedes, con usted Jorge que aún es muy joven y no sabe el mal que una charla puede hacer a una persona.

—¿Mal?

—¡Mal! Mucho mal se puede hacer con las palabras, acaso más que con los hechos.

—Usted lo sabrá.

—Sí, como les decía, aquel hombre que un día llegó a mi estancia de La Patagonia me hizo mucho mal. Yo no sabía nada sobre el espiritismo; había oido hablar algo en Cuba y en Méjico, pero nunca había prestado atención a ello. El espiritismo era para mí algo parecido a un viaje a la Luna o la cuadratura del círculo, algo de lo que todo el mundo trata pero que no es más que un tema imposible, y hasta cierto punto sin interés para la mayoría de los mortales. El espiritismo estaba, naturalmente, fuera de mi mundo y de mis ocupaciones; pero la soledad es nefasta al hombre. La soledad y el cansancio que dan los años. Yo quería otros horizontes, algo nuevo, algo que siempre soñé desde niño, cuando era pastor en Extremadura, pero aquello nuevo, aquello esperado, no llegó nunca, o por lo menos yo no supe darme cuenta de ello. Mis ojos habían estado metidos en la oscuridad del trabajo, en la preocupación por hacer dinero, por salir de un mundo ingrato donde había nacido y dónde habían pasado los mejores años de mi vida. Esperaba.

Y la espera fué aquel hombre. A los pocos meses de llegar yo no me preocupaba de los trabajos de la estancia, mi mente estaba prendida en el tema del espiritismo, en las mentiras de aquel hombre, pero yo no me di cuenta entonces de nada, yo era un niño en manos de un malvado, de un ser aventurero en el sentido figurado de la palabra; sin embargo tengo que reconocer que pasé una temporada muy feliz, que los días eran minutos, y las semanas días claros y bellos de primavera. Vivía en una completa primavera, en una luz pura y tranquilizadora, el campo, la casa y los hombres dejaron de ser lo que hasta entonces habían sido, se tornaron en sombras o en pequeños montículos de mi camino; algunas veces los contemplaba como un desconocido, como un forastero que llega a un pueblo por primera vez y las cosas gastadas y monótonas son nuevas e interesantes para él. Yo era un forastero con ilusión de niño, con esperanza de niño enfermo y soñador. Aquel hombre, aquel negro hombre, supo hacer de mi un anormal, un enfermo.

—¡Pero era usted el que deseaba aquel estado de cosas, no?— preguntó Felipe.

—Lo permitía y no lo permitía. El tenía un dominio espiritual sobre mí, yo era débil en verdad, no sabía nada, y por otro lado, como les decía, aquella llanura, aquella monotonía del campo eran muy propicias a los intereses ocultos de aquel hombre.

—¿Intereses? ¿Estaba aquel hombre tan interesado por el espiritismo como para hacer de usted un enfermo, un ser sin fuerzas y sin deseos por su verdadera vida?—le increpó otra vez Felipe con voz dura, con voz en la cual se podía leer una censura a la actitud de Tomás.

—No—continuó el indiano—, a aquel hombre le importaba tres pitos el espiritismo; en realidad era un farsante, un mentiroso, un aventurero que sabía muy bien por donde se andaba. El espiritismo fué el motivo para hacer de mi un patrón complaciente, un dueño de una estancia sin estímulo por el trabajo, por las ganancias fáciles y seguras de cada año. Lo olvidé todo y me dediqué por entero al estudio del espiritismo. Más tarde creí necesario un viaje a Europa y me aparté de la estancia, de mis bienes y de mi verdadera ruta. Europa, y los profesores espiritistas de Europa, no hicieron nada de interes, es más, me mostraron la verdad de todo aquello, la mentira en la que había estado metido. El hombre mientras tanto, en La Patagonia, hacía una venta de mis propiadades.

—¿Una venta?—gritaron todos al mismo tiempo.

—Sí, una venta de todas mis propiedades—musitó Tomás con gesto cansado, con una cara más llena de arrugas que nunca, con tristeza en la voz y temblor en las manos. —Había sido un ingenuo, le había dado plenos poderes y él, naturalmente, supo sacear partido de la situación.

—¿Se quedó usted sin dinero?—indagó doña Laura.

—Sin dinero, no. Yo tengo bastante dinero en el banco a mi nombre y el hombre, es natural, necesitó vender la estancia a mi nombre y depositar algo de la venta, pero no todo, creo yo. El hombre ha desaparecido.

Tomás se quedó callado, silencioso, con la sombra del hombre sobre sus hombros. Sus acompañantes le imitaron. Después de un momento Tomás dijo:

—Necesitaba hacer esta confesión, a todos ustedes a los que he tratado de meter unas ideas tontas sobre algo que no tiene fundamento, y a usted, Jorge, que con su juventud está en una situación de duda y de desconcierto. Yo sé que todos tenemos problemas; yo conozco algo de ustedes, de cada uno de ustedes, y creo que no sería buena persona si no hablase sinceramente. Usted, Jorge, sufre, sufre mucho por algo que yo no conozco. No quiero conocerlo, pero he tratado de hacer algo por usted, por todos al decir mi verdad, al decirles que soy un mentiroso, que lo he sido, que no tenía remedio, y que he encontrado otra vez el camino de la esperanza en compañía de unos buenos amigos de pensión.

Luisita lloraba. Lloraba en silencio, calladamente, sin pena, con alegría. Se daba cuenta del milagro de aquella noche. Del milagro de sinceridad y de luz que se había derramado sobre ellos, sobre el barrio nocturno, sobre los cafés de discretas puertas y de indiscretos vicios. Lloraba en paz porque ella comprendía también el gran bien de la verdad, de la tranquilidad interior. Ella sería otra persona desde aquella noche, desde aquella madrugada que empezaba.

Lloraba, Luisita, con alegría.

Doña Laura y su marido no estaban muy seguros del milagro. No se daban cuenta de lo que pasaba; no comprendían las palabras del viejo indiano, ni las lágrimas de la chiflada de Luisita, ni el temblor de Jorge o de Felipe. Ellos estaban, como los demás, muy interesados por la suerte económica del pobre viejo, pero no era para tanto, no era para llorar o para quedar mudos de la impresión; en verdad no conocían muy bien a las personas que tenían en su casa.

Felipe no quería pensar en nada. Se daba cuenta de que la alegría y la tristeza eran una misma cosa; se daba cuenta de que su tímida forma de actuar estaba sufriendo en aquellos momentos para bien de él y por eso miraba tembloroso a Tomás, a Luisita y a Jorge. Los miraba y estaba agradecido. Otra vida parecía empezar en aquella noche, en aquellos bares de la noche.

Jorge, mientras tanto, meditaba. El milagro también le coronaba, le abrillantaba, le hacía ser distinto. Era un milgaro. Simplemente un milagro que nació de las palabras de un hombre.

VIII
JORGE

Jorge se encontró con el milagro. Se enteró de que las resoluciones no son muy difíciles de tomar; aquella noche veía la luz por vez primera. La luz que desde hacía años trataba de brotar de su espíritu, de correr sobre la tierra sedienta, de salvar a los hombres del barro y de la negrura de la muerte. Desde años atrás, cuando era estudiante en Oviedo, de bachillerato, el problema de su religiosidad estaba siempre latente en sus pulsos. El deseaba ser sacerdote, lo había deseado siempre aunque nunca con la suficiente intensidad, con la vocación necesaria. El paso definitivo nunca le salía de sus piernas, de sus pies torturados por la duda y el desconcierto. El mundo de los sacerdotes estaba siempre en un plano oculto, difícil, imposible de conocer de buenas a primeras. El no había tenido mucho trato con sacerdotes o con seminaristas, y el confesor no le sabía decir nada. El dudaba del sacerdote que le confesaba; dudaba del interés por su problema; dudaba de aquel sacerdote y de él, de los suyos, de los amigos.

La familia nunca vería con buenos ojos aquella vocación, aquel capricho de niño de familia. Su padre nunca se lo pardonaría, su madre esperaba tener nietos de él, ya que no esperaba que Marta, la única hija, llegase a casarse.

Marta era vieja, fea y desagradable. Nunca había tenido novio, ni la más ligera sombra de novio, y en justicia era natural. Las amigas más íntimas se reían de ella, su madre no podía hablar más de cinco minutos con ella, el padre no la tenía en cuenta. Marta estaba en la casa igual que un fantasma, necesario y grotesco, ridículo y desagradable algunas veces. Jorge, sin embargo, queria a su hermana. Su hermana, precisamente, era el factor que más influencia tenía en el problema de su vocación y de su forma de vivir.

Marta le consolaba de sus penas infantiles cuando él era niño en la ciudad de Oviedo; Marta le llamaba, por las tardes, para merendar desde la alta ventana que miraba a la Catedral que muchas veces se perdía entre la niebla. Marta había sido más que hermana para él, madre y compañera de juegos de sus primeros años.

Su madre permanecía siempre en la oscuridad, en la sombra de su existencia; la mayor parte del año estaba enferma, recostada en su habitación con las persianas cerradas, en plena noche, en unas tinieblas que a los niños causaba un poco de miedo, de respeto y de temor. La madre era temor, por su enfermedad y por las riñas del padre si no habían sido buenos y callados para no molestar a la enferma.

Jorge, en aquellos momentos de bar, pensaba en todo esto, en toda su familia: en Marta por la cual los años parecían no pasar, estaba igual mes tras mes, parada en su temprana vejez igual que flor de invierno; en su madre que desde la oscura habitación velaba por todos, en sus estudios y en su vida particular, en sus amigos y en los más pequeños gestos de Marta o del padre, de los criados de la casa; en el padre, cansado del trabajo, del clima de Asturias, de la monotonía y del cielo gris que nunca tenía un brillo, una luz en lo alto, un destello entre las nubes grises y apretadas que dominaban a la ciudad como si tratasen de enterrar las casas, la Catedral, las personas que caminaban por las calles o que paseaban por el Campo de San Francisco.

Jorge necesitaba pensar en todas las claves de su vida, en todos los puntos en los que se sostenía el centro de su techo. No podía romper, de buenas a primeras, con los familiares, con los padres y con la hermana. Pero . . .

La llamada que sentía en su corazón era mucho más fuerte que todas las razones del mundo juntas, no precisaba meditar mucho más, lo único que necesitaba hacer era ser franco con todo lo que tenía cierta importancia para él. La sinceridad sería lo que pondría fin a todas las cosas, a su profundo problema que miles y miles de hombres se habían planteado antes que él.

Tomás lo había conocido con una sola mirada; le dijo que deseaba ayudarle, y si antes le parecía ridícula la proposición ahora, pensándolo detenidamente, no era nada de otro mundo; aquel viejo que tantas tierras había conocido, que tantos hombres había tratado y estudiado, que tenía desconfianza en los hombres, seguramente que podría darle un buen consejo, mostrarle un camino seguro y firme por el cual poder caminar. Parecía un tanto raro desde el punto de vista común, la mayoría de la gente se reirian de la ayuda que un espiritista pudiese prestar a un joven con vocación religiosa. Era algo raro, lo comprendía, pero era un camino que necesitaba pasar para llegar a una meta, a un punto fino que desde hacía algunos años tenía metido entre ceja y ceja, en el centro mismo de todos sus sentimientos.

Por otro lado, en aquella misma noche, una seguridad y una confianza en si mismo se apoderó de él; fué en el momento de la confesión de Tomás y de las lágrimas de Luisita. Algo le decía que el rumbo de su destino había dado un gran giro, que todas las velas de su nave temblorosa estaban llenas de viento dispuestas a remontarle hasta las nubes si era preciso. La confianza que llenaba sus velas le daría fuerzas para decir la verdad a los padres, a la hermana. El no traicionaba a nadie, su madre tendría de él otra clase de hijos mucho más perfectos que los hijos de la carne; el padre llegaría a sentirse satisfecho de él y la hermana segura en sus últimos años de triste solterona de provincias.

Su suerte empezaba a hablar aquella noche. Tomás y Luisita le parecieron sus verdaderos padrinos sacerdotales.

Rió con ganas en la noche que empezaba a declinar.

IX

Caminaban todos en silencio. La calle permanecía desierta y clareada por los luces de los bares que aún permanecían abiertos. Luisita iba cerca de Jorge, inclinada hacia un lado, con la cabeza firme, alta, mirando seguramente las últimas estrellas de aquella noche tan cargada de noticias y de sucesos íntimos.

Era un curioso cuadro sobre la calzada que unos hombres pardos empezaban a limpiar lentamente.

—No creía que fuese tan tarde—indicó doña Laura al ver a los barrenderos.

—No, no es muy tarde, lo que sucede es que los barrenderos de este barrio no se van a la cama, seguramente que están en los bares y salen a tomar el fresco—le replicó el marido.

—Muy gracioso . . .—fué la única respuesta de doña Laura que parecía no tener ganas de reír en aquellos momentos que ella creía importantes para los que estaban en su pensión.

—No es para molestarse . . .—

—Y no estoy molesta.

Felipe propuso entrar a tomar la última copa de la noche en un bar que parecía muy animado.

—Por mí—dijo doña Laura—, pero acaso Luisita y Tomás no tengan ganas.

—No, no—replicó Luisita—, podemos entrar un rato, no tengo nada de sueño ni de cansancio.

Tomás se quedó callado, pero hizo un gesto gracioso, como de niño que no se cansa por nada y puede ir con los padres a todos los sitios.

Jorge miraba a todos sonriente; parecía estar muy seguro, contento de ir a un bar, de caminar por la calle, de respirar el aire fresco de la madrugada.

—Una noche es una noche—casi cantó el marido de doña Laura, que estaba mucho más contento que su esposa y con ganas de continuar las visitas a los bares.

—El otro día una vieja amiga mía me decía que es bueno salir por las noches—explicaba Luisita a Jorge—, y si yo fuese caballero iría todas las noches a pasear por el Madrid de los Austrias, por la Plaza Mayor que es mucho más bella y perfecta de lo que parece de día, por las calles que mueren en la Plaza de Oriente, por Ferraz y Rosales . . .

—¿Le gusta Rosales?—indagó Jorge cortesmente.

—¡Muchísimo! Rosales es uno de los lugares más bellos y elegantes que conozco; mirar desde Rosales el Parque del Oeste es una delicia, un gran encanto que no todos los mortales pueden disfrutar.

—Yo sueño ir a estudiar a Rosales; mejor dicho, algunas veces voy a Rosales por las mañanas con deseos de estudiar . . .

—¿Y no estudia, verdad?

—Usted ya puede darse cuenta . . . Para estudiar se necesita estar frente a una mesa sin ruido de coches o voces de niños o de novios que pasean de un lado para otro o que se sientan cerca de uno y no hablan pero hacen algo más llamativo . . .

Luisita se sonreía quedamente, y en el bar pidió una copa de coñac grande.

—Yo necesito beber, tengo la tensión más baja de lo necesario.

—Eso es una gran cosa—rió Felipe.

—No, no lo crea.

—¿Por qué?

—Por una razón muy sencilla: es tan peligrosa la tensión baja como la alta.

—Sí, puede ser, pero es más agradable de tratar, y mucho más humana. La tensión baja es la más cariñosa de las enfermedades.

—No tanto, no tanto . . .—le dijo Luisita frunciendo un poco la boca.

—Contenta que debe de estar usted con la tensión baja.

—Ustedes los jóvenes . . .

—Nada de jóvenes, yo desearía ser un viejo con el que se tienen todas las consideraciones del mundo; los viejos hacen siempre lo que les parece y no tienen que dar cuentas a nadie de sus actos, y perdone si la llamo vieja.

—No tengo nada de que perdonarle, los años no se pueden ocultar y mucho menos yo.

—No sé por qué dice eso—argumentó doña Laura—, usted está mucho mejor que otras jóvenes que se pasean por Madrid.

—¿Qué jóvenes son esas?—preguntó un tanto intrigada Luisita.

—Los jóvenes de hoy día, todas las jóvenes de viente años o menos que se creen que lo saben todo y que pueden hablar de todo o escribir de todo.

—Ya, como la Sagan esa, no es cierto.

—Sí, la Sagan y las que no son la Sagan y las matan callando por la noche o por el día.

Felipe se reía de la charla de las dos mujeres. El también estaba contento y notaba que la oculta alegría de todos había entrado en su corazón apagado, en su sangre fría y en su alma tranquila de lago de montaña. Sentía la risa en los labios y en cada poro de su piel, en los pies y en las manos, en el pecho, en la langua. La risa era un milagro que se había adueñado de todos.

En el bar, entre las caras tristes y cansadas de los desconocidos, ellos reían alegres, contentos, esperanzados.

X
Ultimos personajes

Doña Laura miró a su marido y notó un rubor en su cara; una vergüenza y un dolor en lo íntimo de sus posos ocultos. Se daba cuenta de que no había sido buena con aquel hombre, que muchas veces le había engañado en cosas pequeñas y en cosas grandes. Pensó en Andrés el amante que había tenido hasta hacía bien poco y sintió que un dolor se agarraba a su garganta, que una fuerza poderosa trataba de matarla para así cumplir con un deber sagrado.

Aquel hombre que ahora reía a su lado nunca le había dicho nada, siempre había sido bueno y complacente y ella se lo había pagado con mal, con traición premeditada. Sabía muy bien que él no se enteraba de nada, que no se preocupaba por esas cosas, que estaba en un mundo feliz en el cual dormían los maridos engañados. Aquel hombre que no había tenido una mala palabra para ella era un santo más que un animal y ella se daba cuenta aquella noche de ello. Un santo y un trabajador incansable que año tras año le había proporcionado alegrías y contentos.

Doña Laura tenía ahora miedo; creía que sería castigada de un modo misterioso y que ocultos seres, de los que hablaba Tomás, estaban esperándola en las esquinas de las calles para apuñarla o para reirse de ella y de sus secretos miserables y ruines. Su marido parecía mirarla igual que si fuese una extraña, como si fuese una mujer que no había visto en su vida y de la cual no se esperase nada de particular. Una mujer que se cruza en un camino de niebla y después desaparece.

Ella sería eso, una mujer perdida en la niebla, completamente sola, apartada del cariño y de la luz, del calor y de la seguridad. Ella no podía reír igual que los demás, y sin embargo . . .

* * *

El hombre, el marido de doña Laura, contempló también a su mujer y una ola de ternura se adueñó de su corazón. Conocía muy bien a su esposa, sabía de sus problemas, de sus preocupaciones y de sus pasos pecaminosos, y pese a todo la queria, nunca le dijo nada ni se lo demostró con gestos o con respuestas desagradables. Era bueno y comprendía demasiado bien el alma humana, tenía la certeza de que su mujer que se iba de su lado para reunirse con otro hombre por odio o por asco; él creía que eran otras razones las que hacían a su mujer actuar de aquel modo; casi tenía la certeza de la enfermedad mental de aquella mujer, hija de un loco y de una bailarina. El la quería y era suficiente, con el tiempoLaura olvidaría los falsos amores y tornaría al buen camino, a su pecho, a su sonrisa dispuesta en cualquier momento, cariñosa para todos y muy en especial para ella. No todos los seres son perfectos, meditaba él, y se veía culpable por miles de faltas y de errores. Y perdonaba, y esperaba una especie de milagro que sucedería con los años, con el tiempo que todo lo hace distinto y más fácil.

Y aquella noche, cuando menos lo pensaba, el milagro estaba frente a él, en los ojos de su mujer, en la voz de una Laura otra vez joven y siempre bella. Con cariño puso su mano sobre la mano de ella y se quedó callado. Laura notó una dulzura en su boca, una miel que iba borrando la amargura de los momentos, de las horas, de los años ya pasados. Después, lentamente, sacó un pañuelo del bolso y se limpió los ojos. Ella lloraba igual que Luisita, igual que todas las mujeres. Lloraba como lloran los que están dentro del gran milagro de la vida.

Amanecer

El cielo estaba mucho más claro que las calles de la ciudad. En lo alto de los tejados aparecía una luz azulada que lentamente exponía sus largos lienzos sobre las fachadas de las casas. Las ventanas estaban cerradas, ocultando a los hombres que dormían tranquilamente esperando la llegada del amanecer.

El grupo de la pensión de doña Laura caminaba por aquellas calles que alargaban sus brazos al nuevo día que empezaba a tatuarse muy lentamente, casi con miedo.

Luisita, igual que antes, iba con la cabeza alzada, mirando el azul donde una blanca y triste luna se arrinconaba cerca de una buhardilla cenicienta. Aquella luna pálida era igual que la luna que brillaba sobre el jardín el día que su marido la besó y le pidió que se casara con él. Ahora la luna estaba otra vez allí, acaso más pálida, más vieja, más cansada. La luna tenía su misma cara, su misma blancura, pero no su alegría, no su risa, no su paz, no su perdón del marido y de la otra mujer, de los hijos que no eran los suyos. La luna, no tenía su perdón.

Y también los demás caminaban con la cabeza en alto. Doña Laura recostada en su marido. Tomás, firme, hierático, seguro de la tranquilidad de sus últimos años. Felipe mucho más seguro, mucho más hombre.

Y la luz con Jorge. La luz que llegaba de lo alto, que afloraba de lo alto y ponía un halo en su cabeza y en sus hombros, en su figura de poeta y de guerrero.

La luz entraba por el barrio de la noche barriendo las sombras torturantes.

EL FILÓN

El sabía del filón desde mucho tiempo atrás. Fue su padre, cuando aún el padre estaba fuerte y gallardo, el que le habló de ello.

—En esa montaña está el destino de tu vida . . .

—¿Mi destino?—había preguntado el muchacho con cara de sorpresa.

—Sí, hijo mío, tu destino y tu fortuna. La fortuna para todos nosotros.

—Qué tiene esa montaña?—preguntó por segunda vez el muchacho.

El padre se quedó callado por unos segundos y después, muy lentamente, dejó escapar una palabra que apenas tenía sentido para el hijo:

—Un filón.

—¿Un filón?—respondió como un eco de la montaña cercana el niño.

—Un filón de plata. Un río de metal que corre por las venas profundas de la tierra. Hace años que yo sé de él, nunca he podido, sin embargo, ir en su busca. Jamás veré el metal brillando al sol, en mis manos, frente a mis ojos . . .

Y aquellas palabras del padre quedaron grabadas para siempre. El hijo solamente pensaba en una cosa: en el filón, en el río de plata que la montaña guardaba celosa, en el metal que se tornaría dinero, comodidades, olvido de aquella dura vida.

* * *

La voz del padre no se apartó nunca de los oídos del muchacho.Según fueron pasando los años la ilusión por encontrar la plata que permanecía en lo profundo de la montaña se fue haciendo más fuerte, más tentadora. El joven ya no vivía para nada. Se pasaba todo el tiempo que tenía libre corriendo por las cercanías del lugar donde él creía que estaba el filón.

Un fuego, también soterrado, se fue apoderando de su espíritu, le fue quemando lentamente, totalmente. El muchacho era un mero fantasma que asustaba a la gente del pueblo.Era el loco de la montaña para las personas de la aldea.

«El loco de la montaña . . .»

«El loco del filón . . .»

Pero la plata estaba esperando. El sabía que la plata le esperaba, le llamaba desde lo profundo de la oscuridad.

* * *

Un día la llamada del filón se hizo más fuerte. El joven salió de casa y empezó a trepar por la montaña. Llovía. Nubes grises y tormentosas corrían por el cielo. El no se daba cuenta de nada. No notaba la lluvia ni las descargas de la tempestad. Caminaba en pos de la plata, en busca del misterioso filón que tenía la montaña parda y silenciosa.

Después, en lo alto de la ladera que dominaba el pueblo, se quedó parado, aguardando. Y la espera llegó. Una luz intensísima brilló en la montaña, frente al muchacho apareció el filón, el gran río de metal corriendo por una sima profunda y oscura. El muchacho notó que una fuerza le sostenía en el aire y que un viento suave le besaba en la cara. La plata, el filón entero, estaba al lado de sus manos. El muchacho rió contento.

* * *

Fue al día siguiente cuando lo encontraron muerto. Estaba medio sentado sobre la hierba, con una sonrisa dulce en los labios, con una blanca, purísima, piedra en las manos.

La piedra lucía hilos de plata.

EL MILAGRO

Había regresado al pequeño pueblo de su niñez oscura, de su primera juventud opaca y enmascarada. Allí estaba otra vez, como al principio, como siempre, con la mirada en los prados verdes de la ladera, con la vista sobre el río negro e insignificante que dominaba, en el invierno, con su crecida presurosa las últimas casas que inclinadas contra la corriente trataban de afianzase en el suelo húmedo.

Allí estaban, igual que él, las caras conocidas, archivadas en el breve correr de la existencia; y otras caras nuevas de lejanas tierras, o de niños nacidos en el corto espacio de su ausencia. Pero todo estaba igual que antes de su partida, igual que antes de la marcha de la otra generación, y la otra, y la otra. Era un pueblo anclado en si mismo, sustentado en su pecho de piedra y de hierba, al lado mismo de la polvorienta carretera, trepando tímidamente por las descarnadas laderas de las montañas.

El se sentía renacido, contento de las huellas conocidas, de los saludos en todo momento. En su corazón la raiz antigua habia germinado otra vez, presurosamente, con fuerza e ilusión, y sin embargo . . .

No todo era igual, algo oculto mordia en el pulso mismo de la sangre; un agua soterrada trataba de apagar el fuego del retorno, del feliz regreso. Y él comprendia lo que era, conocia la verdad de aquella oscura sombra. Su risa no era plena, su mirada tenía, en la tarde azulada, una nube de tormenta. El estaba en posesión del secreto, continuamente aquilataba aquella dureza incrustada en lo profundo de sus venas. Y también sabía del escalpelo que podía romper el germen venenoso. Y no se decidía.

Después de la novedad del regreso todos los contornos se fueron fijando igual que antes. El pueblo bronco tomó sus verdaderos colores; las fachadas de las casas su negra y humilde suciedad. El valle se apretó más contra el río, y el verde de los prados se tornó gris en espera del cercano invierno. Y él estaba más lacerado que el valle, que el pueblo, que la montaña contra el cielo nuboso.

No tenía claridad en su tormenta. Un desengaño oculto le comía las fuerzas y caminaba sin paso fijo, sin ganas, sin deseos de nada. Y allí cerca, sin embargo, estaba la luz, la verdad que arrancaría su sombra emponzoñada. ¡Pero era difícil, casi imposible el camino de la luz, el salir de las tinieblas! Y él esperaba. Esperaba fuerzas . . .

EN EL BAR DE LOS MUDOS

Esta tarde he visitado un bar del viejo Madrid. El frío de enero murmuraba en la calle su oración de invierno; estaba solo, triste, cansado. Acaso en espera de una palabra que nunca habría de llegar. Acaso en inútil espera para mi corazón solitario. El llanto de las nueve de la noche me llegaba a lo más profundo del ser: todo el día en espera, toda la vida en el silencio del ayer.

Repito: estaba cansado; y en las mesas se habían situado tres parejas de mudos. No tenían palabras en su boca y sí en sus manos repletas de sonidos. Delante de sus caras trazaban arabescos de vida; en mi interior la soledad trazaba arabescos de muerte. Tienen, muchas veces, las manos de los mudos más aliento que las fauces de los hablantes. Mis palabras de esperanza por la vida estaban resecas en lo más profundo del corazón, sin ganas de aflorar a los labios, sin deseos de decir un mensaje de amor.

Decía que esperaba, y la espera, como siempre, reía en su jeroglífico de aire. Reían las caras de los mudos, reían las manos de los eternos callados. Reía el café en sus espejos de falsa venecia. Todo reía, y yo estaba quieto, callado . . . Esperaba.

Unas palabras gritaban los mudos con sus manos largas, bellas, ágiles:

—¡En el bar de los mudos no se toleran tristezas!

«No quieren tristeza . . .» Pensaba yo.

Y los mudos reían una y otra vez. Y mis labios callaban. Y los espejos eran risas en el aire del café del viejo Madrid. Las paredes se llenaban de manos que entonaban un canto de contento por todo lo creado, por todo lo que en el bar existía, por el camarero cojo, por la soltera de la caja, por el mostrador, por las mesitas de patas verdes, por las cortinas de muselina blanca . . . y acaso por mi tristeza.

Era el bar como un reino de viejos sabios o de santos apartados de la mentira de la vida. Las manos de los mudos trataban de dar un mensaje a mi espíritu de pobre poeta, de hombre sin destino, de joven solamente cargado de ilusiones que muchas veces eran falsas. Y yo esperaba.

La espera se tornó alegría, y todo el Universo sonoro. Ya no había mudos; dentro de mi corazón una brisa desconocida ponía su paz y su perdón.La puerta del café se abría a la noche.Y en la noche me esperaba la pasión sin fronteras de un minuto suspendido en la eternidad. Entraba en un reino bello; empezaba una esperanza.

Salí a la noche. En la luz del café las manos de los mudos eran unas alas de amor y de tranquilidad. Y la noche también tenía alas. Las horas clavadas en la tarde no tenían realidad en la noche plena de silencio, de luna y de frío.

Esta tarde he visitado un bar del viejo Madrid.

REVOLTIJO DE NAVIDAD

Lloviznaba. La noche había cuajado plenamente sobre la pequeña villa marinera. Los faroles de gas eran gusanos tratando de iluminar las plazoletas y las calles empedradas. Las torres de la iglesia parroquial de San Telmo brillaban en la oscuridad gris. Los escaparates ponían sus rombos de luz sobre las aceras mojadas, cuadrados pequeños, miseros y tristes del invierno brumoso. La confitería, que estaba delante de la iglesia, tenía un escaparate muy brillante, muy hermoso . . . lleno de colores y de alegría. Estaba repleto de cosas apetitosas: mazapanes, pasteles, bombones, bolsas de revoltijo . . . era Navidad.

Poca gente en las calles, en las aceras, debajo de los faroles y de los árboles. Todos estaban como muertos en el ataúd de sus casas. Navidad en la bruma. Presentimiento de felicidad y de dolor . . . Unos niños cantaban, sin ganas, unos villancicos cerca de una casa de altas verjas de hierro; una anciana blanca, rubia, miel y canela, sonreía detrás de la ventana de nitidas cortinas. Los niños cesaron de cantar, en las manos arrugadas de la anciana brilló el dinero. Contentos, saltando en la lluvia, se pusieron a contar su tesoro cerca de una esquina. Pensaron. Protestaron. Decidieron comprar un paquete de revoltijo en la confitería.

La lluvia sobre los tejados, sobre el empedrado, sobre los corazones de cristal. La noche. Las sombras. La tristeza. Las torres brillando en el cielo.

Los niños se sentaron en el portal para distribuir la compra. Dentro del paquete rosa, azul, crujiente: bollos, caramelos, almendras blancas como los dientes de una niña, almendras negras como los dientes de un viejo borracho, mazapanes en forma de cocodrilo, de pájaro, de dromedario, papel brillante y chocolatinas. Los ojos infantiles miraban la llovizna eterna y animada. Del paquete, del papel brillante y crujiente salió una culebrilla venenosa que mordió a los niños en la boca naranja.

Todos quedaron muertos en el portal oscuro, entre los mazapanes y demás chucherías del revoltijo de Navidad.

Las torres de San Telmo seguían brillando. La lluvia. La muerte. El silencio ensangrentado. La tristeza inmensa sobre la apartada villa marinera.

LA MADRE

El hijo estaba lejos, mucho más lejos de lo que decía la geografía. El hijo estaba al otro lado del mundo, perdido en los desiertos, sobre las montañas más altas, navegando todos los mares y todos los ríos.

El hijo estaba lejos, imposible, en el confin de todos los horizontes, de todas las llanuras. En aquella lejanía sin retorno, en aquella apartada orilla del mundo, el hijo no sentía nada, no pensaba en nada, lo olvidaba todo . . .

No así la madre. En la orilla, en esta orilla que todos conocemos, al lado del río del recuerdo, ella pensaba en el hijo, en la luz que había brotado de su entrana, en la carne que había corrido por su sangre. El río, con sus aguas presurosas, le decía en las tardes de otoño medio muerto:

—Olvida, no pienses más en el hijo.

Y ella, sin poder contenerse, hablaba al río, contestaba con gritos al río:

—¡Olvidar! ¿De qué modo puedo olvidar mis manos y mis ojos, mis pies y mis cabellos? ¡Olvidar! No sabes nada de amor, agua presurosa.

Pero el río no cesaba en su llamada, en su murmuradora voz estaban siempre las mismas palabras:

—Olvida . . .

—Olvida . . .

—No pienses más en el hijo . . .

Y la madre, con amargura en la garganta, con deseo de llorar una y mil veces, cansada del camino y de la espera, alzada sobre las aguas, recortada su figura en el gris horizonte, con el viento en la ropa negra y en el cabello blanco, no quería olvidar, no podía dejar de pensar en el hijo lejano.

—¡Nunca olvidaré mi sombra, la luz de mis ojos, la llamada de mi pecho!

Por eso, en el pueblo, se reían de ella. No por el hijo, por sus largas charlas con el río, por sus palabras en la tarde, por sus gritos en la noche.

El río caminaba de un pueblo a otro murmurando su canción, hablando mal de la madre, de la mujer que todos los días salía de su casa para preguntar por el hijo. En todos los pueblos de la ribera se decían cosas no amables de la madre.

—¡Está loca!—decían unos.

—Más que loca—contestaban otros.

Solamente la tarde y la mañana, el viento y las aves del cielo sabían su verdad, comprendían sus sentimientos y se compadecían de ella.

Pero la madre tenía que luchar contra el río, contra las gentes del pueblo, de todos los pueblos de la ribera. Era doloroso. La madre no tenía una pared para su espalda cansada, una mano para su brazo de vieja, una caricia para su cara llena de sufrimiento, un beso para sus lágrimas . . .

—¡Olvida! ¡Olvida!

—¡No pienses más en el hijo! ¡En el hombre que está lejos de tu casa, de tu camino!

—¡Olvida! ¡Olvida!

—No recuerdes más tu luz, tu sombra, tu sonria, tu mirada . . .

—No volverá nunca . . . nunca . . .nunca . . . No pierdas el tiempo al lado de mis aguas, de mis gotas de lluvia . . .

La madre era sorda para aquellos consejos, para aquellas palabras de odio y de maldad. Ella siempre recordaría, siempre estaría cerca del camino, al lado de las aguas, esperando. Por el camino llegaría el hijo, o por las aguas. ¡Llegaría y ella sería feliz!

Y el hijo llegó. Sobre las aguas del río que ya no hablaban, que estaban calladas, por el camino de la ribera que une a los pueblos, por el camino que es bello y amarillento. El hijo estaba con la madre.

VIAJE A AMERICA

A Jorge Charpentier, poeta,
gran poeta de Costa Rica

Tenía todo el día libre. En las últimas horas de la tarde saldría el barco. En su corazón una flor amarga y triste se mezclaba con la sangre; era la flor de sentirse solo, apartado ya de todos los amigos y los familiares. Solo frente a una vida desconocida que empezaba con aquella mañana parda de sol oculto, en aquella mañana en la ciudad gris del norte.

En la calle, en todos los rincones conocidos, se sentía extranjero, distinto. Caminó al lado del mar, por el largo paseo de la playa, una y otra vez. Quería saciarse de su tierra en aquellas últimas horas, en aquellos pocos momentos que le quedaban para sentir su pie sobre los lugares gastados por la memoria.

Caminar así: de un sitio a otro. Meter su alma en la calzada negra, en las aceras cortas, en la casas desconchadas. Caminar. Y caminó sin darse cuenta de un lugar a otro, sin apercibirse apenas de lo que sucedía a su lado.

Pasó un hombre del bar donde él jugaba con los amigos.

Y una mujer vieja.

Cerca del puerto una vendedora de pescado gritaba su mercancía:

—Sardinas . . . Sar . . . ¡Son muy grandes . . .!

Pero él no se enteraba de las voces, de la mujer gorda que gritaba, de la mujer que tenía pescado en una caja a sus pies:

—Sardi . . . Sar . . . ¡Muy grandes . . .! Gran . . .

Por fin, después de rondar unos momentos por aquel lugar le quedó dentro de la cabeza el grito de la mujer, el grito de mar en la caracola de su cabeza.

Y él contempló, en sus ensueños, sardinas grandes en una pecera descomunal. Sardinas y otros peces de mil clases que nadaban incesantemente, incansablemente.

Peces . . . Sardinas grandes y frescas . . .

La mujer tenía una garganta incansable, una voz de trueno y de aguardiente. El quería, ahora, escuchar la voz que le decía muchas cosas que parecían muertas y lejanas; quería darse cuenta de toda su vida en aquellas voces que parecían llegar del mar llenando el pequeño puerto, las casas de la orilla, los barcos de pescados, los marineros viejos con sus trajes gastados por el viento y por las aguas.

Unas voces sin importancia llenaban su alma de resonancias imposibles, desconocidas en otros tiempos, y notó un nudo que le ataba la garganta, que le apretaba las venas y trataba de matar, de arrancar su existencia.

Después, muy lentamente, se fué apartando del puerto y de las voces. Miró el reloj y comprendió que todavía tenía muchas horas para recordar, para ir por toda la ciudad mirando las casas y las personas. Los desconchados de las casas y las arrugas de las personas.

Pensó en las lejanas tierras, en América. En su vida que tomaba otro rumbo desconocido.

—¡América . . .!—murmuró un poco asustado.

—América . . .

Y el mar, que estaba lejos, parecía contestar a sus palabras con un ruído sordo y profundo.

—América—dijo por tercera vez como tratando de cortar las letras, como tratando de sacar la verdad de lo desconocido en aquellas palabras.

De nuevo sus pasos le encaminaron a la playa, al paseo blanco que besaba el mar. Se sentó en la arena y contempló un perro que vagaba entre las rocas cercanas. El mar tenía un color gris, azulado: un color nostálgico del verano lejano. Un silencio rodeado por el ruído del mar.

Y él, más triste, más cansado y con miedo; con dolor de marchar de la pequeña ciudad conocida. Miedo. Y el mar era incansable en su latido profundo.

Volvió a mirar la hora. No comprendió muy bien: estaba su reloj en la misma hora que en la mañana cuando empezó a correr de un lado para otro. Tenía que ser mucho más tarde. El mar estaba ya oscuro en el fondo, al lado las rocas. El perro había desaparecido y todo parecía ocultarse en un crepúsculo prematuro. Un raro coletazo de realidad despertó su memoria dormida en los ensueños. El reloj estaba parado. Se levantó rápidamente. Corrió por las calles. Llegó al puerto . . . Sobre al mar azul oscuro caminaba el barco. Ya se perdía en el horizonte. Ya dejaba en el cielo de la tarde una estela de humo.

Y él se sentó frente al mar mirando. Una paz llenó su alma. Una tranquilidad. Se quedaría allí, en su ciudad, para siempre. El billete, en el bolsillo, le pesaba. Le parecía una piedra. Metió la mano en la cartera y lanzó el peso al agua.

La tarde cedía cuando él caminó por las calles. En la playa, en las rocas, otra vez el perro.

Y él era feliz. Muy feliz en la tarde en que había perdido el barco. América esperaba al otro lado del mar.

DOS MENDIGOS

El hombre bueno del buen tesoro saca buenas cosas; mas el hombre malo del mal tesoro saca malas cosas.

Matheo, XII, 35

El sol tostaba los resecos árboles de la calle. Un polvo sofocante de verano se extendía por el aire. Rojo y plomo. Era la hora de la siesta, las puertas y ventanas estaban herméticamente cerradas. Negros cuervos en la nitidez de las paredes. Todos dormían. Un perro se arrastraba de una sombra a otra; silencio total, silencio ensangrentado. El viento había muerto en el lejano bosque. Una cigüeña, taladrada de luz, voló en el azul del cielo.

Las casas del pueblo estaban derrumbadas unas sobre otras, cansadas, sin fuerza para resistir el calor; estaban como heridas en el vaho mercurial del ambiente.

De repente, asustando a la tarde, sonó un acordeón. Pero los habitantes no se despertaron. No se movió ni una sola de las ventanas. El perro levantó un poco la cabeza y un rayo de sol le apuñaló los ojos húmedos y cansados.

Las notas del acordeón se hicieron más fuertes. Por la raquítica calle avanzaron dos mendigos. Uno, pequeño y gordo, era el que tocaba el acordeón. El otro, más joven, traía en la mano unos papeles verdes y rosa; eran canciones para vender. Se detuvieron en el centro del pueblo. El de las canciones se puso a cantar con voz gangosa:

—Niña Isabel ten cuidado . . .

El pueblo continuó durmiendo, continuó recostado en la tarde de sol. Los dos pobres se sentaron cerca del perro. Estaban cansados y sudorosos; se recostaron contra una blanca pared.

La cigüeña volvió a cruzar el cielo y miró, asustada, a los pobres.

Primer mendigo

«Qué agradable es esta sombra. Hace años que me siento en ella. Es un pueblo tranquilo y sus habitantes tratan bien a los pobres, aunque son un poco dormilones y vagos. Casi tan vagos como nosotros. Me quieren mucho; no puedo estar descontento. Pero no se puede venir muchas veces; está demasiado apartado de los otros pueblos. Me acuerdo cuando llegué aquí por primera vez; entonces venía acompañado por mi hijo. ¡Mi hijo! No quiso saber nada de mí desde el momento que le fué bien, pero le perdono; él es bueno. Algún día volverá a buscarme, y ese día seré feliz; estoy contento porque no pasa hambre . . .»

La pared le transmitió un poco de frío y descanso, se quedó adormilado. El perro se apartó para dejarle sitio.

Segundo mendigo

«Maldito pueblo, lleno de tiñosos y de dormilones. No quería venir, pero a este pelma se la antojó. Dice que le recuerda a su hijo . . . ¡Menudo granuja su hijo! Se está dando la gran vida mientras su padre pasa hambre; aunque creo que son tal para cual. No me parece que este vejestorio sea bueno. Creo, incluso, que trata de robarme. Sí, quiere robarme y alejarse de mí mientras duermo. Tendré que andar con cuidado».

Estaba también recostado contra la pared, pero no dormía. No podía dormir pensando en su pequeña riqueza.

El viejo del acordeón se despertó, alargó la mano para coger una botella de agua, cuando . . .

«Lo que pensaba; quiere robarme». Como un rayo se lanzó sobre el viejo y le dió golpes y patadas. Parecía una furia. Estaba enloquecido. Después cogió una piedra y la dejó caer sobre la cabeza encanecida. El perro, asustado, lo miraba todo.

La luz era más suave. Verde y rosa los árboles llenos de polvo. Una vieja, vestida de negro, caminó por la calle con paso rápido; parecía un ratón buscando comida. Llegó hasta el centro del pueblo y dió un grito terrible. Las ventanas se abrieron. La vieja se acercó para ver mejor, con la falda movió el acordeón, que estaba salpicado de sangre; una nota aguda blasfemó la calle. El perro, que hasta entonces había estado quieto, empezó a aullar.

El aullido persiguió al otro pobre por todos los caminos, por los yermos fríos, por los campos lacerados. No le dejó en paz nunca.

El sol continuó dorando la tierra.

ADIÓS A UNA CIUDAD

El joven llegó de la calle; el joven estaba un poco mareado del sol y de las personas que caminaban sin cesar de un lado para otro. Por la ciudad, por las largas calles negras, todos caminaban incesantemente, sin cansancio, acaso con miedo de morir.

La pequeña ciudad se miraba en el mar; la pequeña ciudad era de bruma en el invierno y de sol en el verano; pero la ciudad que se miraba en el mar no tenía paz: toda ella estaba llena de guardias que llamaban la atención de los pobres peatones. Los peatones eran dulces, tristes, melancólicos, tímidos ciudadanos del mundo. Los pobres caminantes de la ciudad no sabían por dónde ir; miraban una y otra vez, incesantemente, y siempre, claro está, con miedo.

El joven que había llegado de la calle cansado se sentó frente a su máquina de escribir y empezó un bello cuento. Era el cuento de sus últimos años, de los momentos pasados en la ciudad reclinada contra el mar. ¿Qué había pasado en aquellos años? ¿Qué tenía en su pecho el joven?

Todo y nada quedaba en su corazón; en los posos profundos de su alma, de su espíritu, de su recuerdo siempre traidor. ¡La ciudad!, ¿cómo había sido la ciudad que ahora era intransitable?

El bello rincón frente al mar le ofreció algo nunca comprendido del todo, algo que el joven había tenido en sus pulsos, latiendo en su entraña sin darse cuenta; él ofreció la paz, la confianza, y también el dolor. Un dolor impronunciable, callado, dolor humano de amor.

Y ahora se despedía de todo. Marchaba sin miedo, esperanzado. Otras rutas conocidas se abrían a su paso silente. ¡Qué negra era la noche de la despedida! ¡Qué ocultas claridades estaban esperando en otro lugar!

Los amigos escritores de los pequeños diarios. Los amigos morenos que se bañaban en el mar. Los ojos de mujeres amables que se ocultaban en la niebla del Muelle. Las casas negras, amigas, confidentes de sus horas nocturnas . . . ¡Y el mar! El mar había sido su celestina, su amor y su amante. Ahora el mar moría en la última montaña de su largo camino. Otro río empezaba: el río de lo pasado, de lo que llegaba, de lo que llegaría antes de que los tiempos terminasen, pues para el joven los tiempos terminaban con él. El era el tiempo, él era la luz del mundo. Narciso. Bellamente humano. Flor de polvo.

El joven se miró a un lago, y el lago era su vida pasada. El agua de aquel lugar le mandaba las imágenes que ya se borraban: pueblo de mina, rincón de bruma. Soledad.

Y el joven caminaba al río de la soledad, de la bruma; decía adiós a una ciudad, a unos años pasados rápidamente, presurosamente. En el viento. Solamente en el viento quedaba la pintura de su existencia; solamente en el viento estaba su vida y su amor.

La tristeza era ahora su comida: tristeza por el adiós, tristeza por los amigos, por los amores—el padre—que parecían brillar un poco lejos. La figura del padre estaba cerca, estaría cerca, y el corazón del joven temblaba de amor. El padre era su raíz fuerte contra el viento del mundo; el padre era el tronco para su rama de artista: el padre era el callado reflejo de amor, el silencioso representante de la bondad sobre la tierra. Y el joven tenía miedo y dolor pues el padre estaba enfermo; todo llegaba en aquella hora: el adiós y la amargura de las enfermedades. Pero era la vida . . .

Y una alegría también se apoderó de él; rió plenamente, con ganas, acaso, sí, con tristeza. Algo empezaba detrás de lo que ahora ya había concluido. Era setiembre con sus días de bronce, de oro.

Una voz profunda parecía llamarle en aquella noche desde el mar; una voz y un deseo estaban en su interior. El joven salió de casa, caminó por la ciudad, llegó a la playa y empezó a correr en dirección a las aguas. Se inclinó entre las olas una y otra vez, después se perdió lejos, para siempre, en las aguas.

El adiós empezaba.

MANOLO Y LAS MARIPOSAS

Manolo es un árbol fuerte, gallardo, nudoso. Manolo es el árbol más gallardo del jardín. Pero Manolo no tiene muchas simpatías; se ha hecho antipático últimamente. Se cree el rey de todos, por tener las ramas más altas que los otros árboles, más altas que los arbustos y más altas que las plantas de rosal. Las mariposas le odían. Las mariposas son pequeñas y aladas, agradables y cotorronas. Todo el dia se lo pasan hablando de sus cosas, de sus líos, de sus preocupacioes, de sus amores . . . El amor es el tema que más preocupa a las mariposas; ellas hablan en voz baja de sus amantes, de sus aventuras atrevidas del último domingo. Sin embargo no pueden hablar tranquilamente, cuando están en lo más interesante de su charla, contando la parte más verde de su aventura, Manolo, el tonto árbol del jardín las asusta con el ruido de sus ramas que saludan al viento. Las mariposas le miran con asombro, atontadas, y después se quejan calladamente. Esperan su muerte, desean su destrucción.

Sejo, la blanca mariposa de oriente, de larga nariz y mirada triste, y Votasgu, la mariposa morena de Arabia de continuo tintineo en las alas y en los ojos, son las que más le odian y las que desean su muerte ardientemente. Pero el tiempo pasa y Manolo no muere. Sejo y Votasgu no conocen la paz, viven preocupadas y sin ganas de amar.

Suspiran las dos mariposas, con el mar y el verano. Hace unos días otra mariposa de otro lugar, acaso de Santander, les ha hablado de bellas y lejanas cosas.

Pero esperan, y se despiden de la mariposa de Santander con un poco de esperanza en sus ojos. La mariposa de Santander, como un turista cualquiera, se marcha pegada a una Vespa, deseándoles mejores días y una visita a su tierra de ensueño.

Las mariposas suspiran en el jardín y ya no tienen ganas de aventursa amorosas. Ha muerto el verano, el frío es intenso, la lluvia no cesa; las mariposas en un rincón contemplan tristemente el cielo gris de nubes bajas y amenazadoras. De pronto la tormenta se desata, los relámpagos cruzan el cielo y un rayo terrible se lanza contra Manolo que emite gritos de dolor en la tarde anochecida. El rayo lo destruye, lo hace cenizas, después la tempestad cesa, el sol brilla en el cielo. Las mariposas salen al jardín libre del mal. Empiezan a soñar con un nuevo amor. Incansablemente.

LA MUERTE DE LA SOLTERONA

Del nicho helado en que los hombres te pusieron, te bajaré a la tierra, humilde y soleada.
Gabriela Mistral

Vivía en su casa recoleta de la calle de Santa Ana. La casa era vieja y gris, la tarde grana. Nadie conocía su edad, nadie pasaba su puerta gastada; detrás de las cortinas nítidas la vieja solterona miraba siempre la calle silenciosa, la calle muerta.

No se le conocían familiares, ni amigos, ni amores. Pero, en su juventud había amado un día, un momento, una eternidad. Y aquel minuto se hizo siglos de añoranza en su alma anclada en abandonado puerto. Sentía aún el beso en su carne, las manos fuertes del hombre en su cintura. Recordaba la situación perfectamente. El beso en la habitación del hotel. La pobre vieja recordaba en el crepúsculo que caía. ¡El beso, el beso en el hotel!

Después, nada. La vida larga, la espera inmensa. Sin consuelo. siendo todo esperanza, la calle era azul y la vieja un sauce que lloraba. Su deseo se fué enfriando en las noches de otoño, en las madrugadas del invierno blanco. La indiferencia entre el fuego del mundo. La ceniza caída de la hoguera del amado.

Los años pasaron por las cortinas claras de la casa de Santa Ana. Pasaron y no dejaron rastro. Melancolía en las miradas. Esperó siempre, sin miedo y sin temor. Heroica. Pero . . .

Llegó la muerte tranquila y oscura. Sollozante. En la habitación, de estilo anticuado y olor de lilas, completamente sola, la solterona esperó el segundo beso.

La tarde grana se hizo negra sobre el monte cercano. El viento entristecido rondó la calle. Lejos, muy lejos, un hombre sintió que unos labios fríos se posaban en su frente.

EL MINERO

Hablaba todas las horas de sus trabajos en las oscuridad, de sus aventuras y de lo mucho que la Empresa le debía. Hablaba con los amigos y con los desconocidos; no perdía un momento de pronunciarse, de comentar sus proyectos, sus fantasías sin fin:

—Voy a empezar algo nuevo.

—Las demás minas no podrán compararse con este plano que yo tengo . . .

—No necesito de ningún ingeniero.

—La mina es pequeña pero buena.

—Yo solo sabré hacer el trabajo.

—No es tan difícil . . .

Y así todos los días. La gente le miraba con cara de sorpresa, no podían saber lo que el hombre trataba de comunicarles, sus palabras resultaban un poco raras.

—Pero, bueno—le decían—¿no tiene usted otra cosa más interesante de que hablar?

—¿Es que no les parece interesante el tema de las minas?—gritaba con su voz fuerte de hombre medio loco.

—La mina es importante; los temas de las minas pueden tener mucho interés en una conversación, pero usted no habla de las minas ni de ningún tema minero; usted simplemente se limita a decir cuatro palabras que no tienen orden ni concierto, hablar por hablar.

—Es que la gente no sabe lo que yo digo.

—Naturalmente que no lo sabe.

Entonces, cuando le hablaban en estos tonos, el minero se quedaba callado, pensativo, meditando.

Aquel hombre, joven aún, tenía una vida misteriosa en la ciudad industrial. Nadie le trataba íntimamente, nadie se preocupaba de él. Eran muy pocos los que le hablaban en los bares que frecuentaba; él, sin embargo, no quería quedar apartado, se metía en todas las reuniones sin darse cuenta de las caras de extrañeza que le ponían. El se hacía el interesante, el culto; hablaba de todo sin saber en verdad de qué hablaba. Algunos de los que iban a los bares donde él estaba empezaban a reírse de sus frases, de sus gestos, de sus modos de comportarse.

El tema de aquella mina empezó a ser del dominio público; la mina de la que él hablaba tampoco era conocida por nadie. La mayoría dudaba de que existiese. Muchos empezaban a creer que estaba loco.

Y, sin embargo, no estaba loco. Era un hombre un poco infeliz; bueno, sin complicaciones. Trabajaba de encargado en unas obras, en un nuevo pozo de una mina que había dejado de funcionar hacía muchos años. Había llegado de lejanas tierras con el afán de las minas y de los tesoros ocultos. Sus ojos brillaban en la oscuridad, en las hondas galerías perdidas bajo tierra; en aquel inmenso pozo que era preciso profundizar aún más, modificar, dejar en condiciones para empezar la explotación.

En el pozo, clavado en aquella caverna animal y gigantesca, era como un animal seguro en su guarida, contento de las paredes llenas de agua, feliz bajo los maderos que sostenían, malamente, las tierras. Al fondo del pozo, en lo alto, más allá del cielo, brillaba la luz. El fondo era la altura, y el suelo la terminación, era el principio, lo que importaba, lo que empezaba y terminaba para él.

Cuando levantaba la vista del suelo; cuando dejaba por unos momentos el trabajo y miraba la claridad lejana, sentía ganas de gritar, deseos de llamar a las gentes de los bares y decirles que era verdad su mina, que no eran falsas sus palabras, que tenía una mina, un pozo, un lugar en lo hondo de la entraña sangrante donde trabajaba, donde vivía la mayor parte de las horas, de sus días, de sus meses. Sí, tenía deseos de gritar, de llamar a los que se reían, a los que nunca llegaron a comprenderle. Gritar

. Y gritó. Un día gritó. Estaba solo en lo profundo, en la sombra espesa y total. La luz amarilla del mediodía brillaba en la moneda lejana; los demás trabajadores descansaban en la altura de las duras faenas de la mañana. El calor del sol moría con rapidez cuando se descendía; allí abajo no había calor, ni ruidos, ni viento sobre las claras montañas. Allí había silencio, agua, oscuridad aplastante. Sobre el silencio, su voz de hombre enloquecido, de hombre contento de aquel pozo. Después de las voces el cataclismo, la sorpresa, lo que nadie podía esperar: el desprendimiento de las tierras, el hundimiento de todas las maderas que contenían a la montaña. El minero contempló por un momento la moneda de luz, el cielo azul, la vida que continuaba. Todas las tierras se aplastaron contra su cuerpo, contra sus voces, contra sus esperanzas.

Allí quedaba el minero, el hombre incomprendido, el que no había tenido una risa amable, el loco.

El viento llegaba de la ciudad a la vieja mina. Era un viento cansado, un eterno viento de tragedia.

EL SUICIDA

Iba por la calle con la cabeza hundida entre los hombros, con las manos metidas en los bolsillos de la vieja chaqueta. Era delgado y como deshilachado dentro de su traje gris totalmente descolorido.

En el corazón también se le deshilachaban las últimas esperanzas; es más: ya no tenía esperanzas de nada; estaba cansado de luchar y de ser mordido sin compasión. Cansado de miles de horas tan grises y tan descoloridas como el traje que le quedaba para cubrir sus carnes flacas y laceradas.

Estaba cansado, con un cansancio de siglos flotando en su cabeza, en sus oídos, delante de sus ojos marchitos. Sí, desde años atrás arrastraba aquel cansancio sin nombre, torturador, inconfesable. Más que cansancio era su situación: era su vida entera golpeando en sus sienes una y otra vez, una existencia llena de dolor que arrastraba por todos los caminos del mundo, de la tierra parda y helada.

¡Y, sin embargo . . .! No se decidía. Estaba en la misma situación que otras muchas veces, al borde mismo, pero . . . No, no podía, y era terrible tener que continuar del mismo modo, anclado en su desconcierto interior, profugo de su mismo espíritu, sin fuerzas para alzar la mirada al azul del cielo, sin resonancias en sus oidos para escuchar el trino de los pájaros. Cansado, asesinado por su propia mano, por su entera soledad.

Recordó aquel momento, aquel único instante de su existencia que tenía perfiles para poder asirse a ellos. Pensó en el río, en aquellas aguas que le habían rechazado ya una vez; en aquellos hombres que le sacaron cuando ya su cuerpo empezaba a llenarse del líquido liberador. ¡Aquellos hombres . . .! Y después la policía, las preguntas, los silencios de él contra aquella brutal bofetada del mundo, el dolor de tener que romper su soledad para encontrarse más solo entre aquellas fieras:

—No comprende que su vida . . . que su vida . . . que su vida es de los demás también . . .

—De toda la sociedad . . .

—Unos de otros . . .

—Hermanos . . .

¡Hermanos! El callaba, no comprendía nada, solamente aquella tristeza que le llenaba los huesos de frío, las carnes de dolor. ¡Todos hermanos! No comprendía, era mentira. El odio de ellos, de todos, de los otros. ¡Nunca hermanos! Sombras de traición unos para otros, para él que amaba a los hombres . . . para él, que iba por todos los caminos con la risa en la boca, con el amor de su corazón en la flor de los labios, con las gracias de su caridad en las manos largas y pálidas, en las manos que sabían de todos los vientos y de todas las nieves. De todas las lluvias.

—Su vida . . . Su vida . . .—repetían las voces continuamente en su cabeza.

—¡Mi vida! ¡Qué poco saben de una persona como yo . . .!—se repetía una y otra vez penando en aquella parda y monótona envoltura que era su cuerpo, que ahora se arrastraba por una acera en una ciudad desconocida.

Pero el río, los hombres que lo sacaron de las aguas, la policía, todos ellos estaban ahora muy lejos, habían quedado perdidos en la niebla, muy atrás de su desilusión; estaban perdidos, lo mismo que él, en el polvo de los años y de las sendas. Para él era distinto, ahora tenía enfrente, al final de aquella calle, el mar que nunca traiciona a los que buscan la paz en la profundidad de su pecho.

Hacía tres días que estaba en contacto con el mar, pero la duda, acaso el miedo . . . Tres días sin decidirse y sin comer, casi sin dormir, de un banco a otro, de un jardín a otro jardín, arrinconado en los cobertizos de los prados cercanos a la ciudad, sobre la hierba, mirando las nubes que pasaban por el cielo, las nubes lentas y blancas. Bellas.

Terminar. ¿Qué era lo que terminaba? ¿Qué era lo que empezaba más allá de las aguas del mar de invierno? ¿Más allá de su soledad gris y fría? ¿Qué luz le saldría al paso después de quedar dormido sobre el azul que andaba? Nada, seguramente, o todo, lo que no había soñado en su apartamiento total. Pero nada empezaba o terminaba si no tomaba una decisión de una vez.

¿Empezar? Empezar más allá, al otro lado, en el punto que terminaba el horizonte. Acaso fuese descansar de verdad. Aquí no, aquí nada de paz, de silencio . . . Nada. El mar.

Frente a las aguas se quedó quieto, a gran altura de ellas, sobre el muro que las separaba de la ciudad, de los hombres que respiraban tranquilos en sus casas.

El, después de mirar el agua largo tiempo, se sentó en un banco al lado del muro, a sus espaldas las olas gritaban con sus gargantas de gigante estremeciendo el aire, salpicando las piedras del puerto, del faro cercano.

Allí, al lado mismo de las aguas, estaba quieto, sin darse cuenta del agua que caía sobre su cuerpo, de los marineros que le miraban con curiosidad desde el puerto, desde las lanchas cercanas; pero él estaba bien en aquel lugar, con el mar clamando detrás, con la inseguridad en su espíritu más intensa que nunca.

Necesitaba terminar. Poner fin de una vez a toda la comedia que se alargaba sin causa justificada, y rápidamente, sin pensarlo más; se levantó del banco. Sintió que se le nublaba la vista, que había llegado el momento, pero . . . Los voces ahora le hablaban desde las olas:

—La vida es de todos . . .

—Igual que hermanos, unos de otros . . .

—Tu vida y la vida de las personas que pasan a tu lado por la calle . . .

—Hermanos unidos para siempre . . .

—Tú no puedes . . . o puedes, no . . .

Igual que un relámpago apareció ante su vista la película de todos sus pasos; los recuerdos de otros lejanos momentos, sepultados en lo profundo de la mente, se agolparon en sus ojos como las aguas contra los acantilados. Se inclinó más; las aguas le llamaban por su nombre una y otra vez, incesantemente, imperiosamente; y de las aguas salían también, las voces eternas, las voces que le obligaban a ser como todos, a mirar el mundo igual que todos. Pero el mar . . .

Y en aquellos instantes estaba mucho más triste.

CIUDAD AMIGA

Por un momento quedó pensativo, la ciudad, lentamente, se llenaba de sombras. La noche se posaba sobre los tejados de las casas, llegaba a las calles y quedaba colgada de los árboles en el parque rumoroso. Era primavera. Era una bella primavera con viento cristalino de la Sierra. Era la alegría en el corazón, mirando a la ciudad luchando entre la luz y las sombras.

Estaba contento, alegre de vivir y de respirar en aquella tarde que moria mansamente, dulcemente; contento de verse mezclado en aquel momento, en el misterio de aquella tarde que miraba de soslayo a los hombres y luego se dejaba declinar contra el empedrado de las calles, contra el verde de los jardines.

Sí, era preciso decirlo otra vez, mil veces, un millón de veces: él estaba contento, esperanzado. El tenía amor . . . . Qué dulce melancolía la suya! Dulce congoja y dulce gozo. Había sido todo tan milagroso, de las cenizas salió lo que siempre había soñado, lo que esperaba contra toda esperanza. De su dolor había salido el amor; y ahora casi no podía dar crédito a su corazón, a la llamarada que le llenaba el alma, que salía por la piel, que afloraba en milagro sobre sus ojos, sobre su boca, sobre su sonrisa de hombre feliz. Era el amor. El amor nacido en la ciudad amiga.

¡Amor!

Por ello lucharía toda su vida. Sería otro hombre, otro ser. Un ángel de nuevo descendido que solamente conociese la senda de la verdad y por ella caminase un día y otro día, un año y otro año. Toda la vida.

¡Amor!

Casi no se atrevía a pronunciar aquella palabra; casi no se atrevía a decir a su corazón, cansado y torturado, que necesitaba estar contento, que necesitaba saltar, cantar, decir su verdad a los cuatro vientos. Ir por todas las sendas, diciendo su verdad, gritando el nombre de ella.

¿Sería posible decir su nombre? ¿No sería borrada su figura algún día? Tambló Alberto en la tarde que moría. ¿Algún día ella marcharía de su lado? ¿Llegarían las sombras a oscurecer totalmente a la ciudad?

¿Amor . . .?

¡Pero aún no tenía derecho a dudar! ¡Nunca dudaría! La verdad de ella, el amor de ella, sería su fuerza, su sostén contra el dolor que le llamaba una y otra vez. El dolor . . .

* * *

Dios había tenido piedad de él. Sus llamadas habían sido contestadas, oídas en la lejanía, en el bosque misterioso, en la piel del mar. Sus gritos, sus deseos y su palpitante necesidad de amor habían sido tomados en cuenta. Ahora daba las gracias, miraba el cielo, rezaba calladamente, alzaba su gozoso corazón y pedía serenidad. Alegría pedía. Que su corazón fuese por la corriente de la alegría, contra río si era necesario, pero que no saliese de aquellas aguas, que nunca volviese de aquel camino. Siempre en el río, siempre en el recuerdo de ella. En la memoria de ella. En el respirar de ella.

* * *

—¿Visitas muchas veces este bar?—le había preguntado.

Y ella, que parecía un poco ausente, que parecía soñar sobre aquellas cabezas que se confundían unas con otras dentro de la pequeña sala medio oscura, había contestado:

—Muy pocas, casi nunca; salgo muy poco de casa . . .

Y él veía el milagro. Tampoco iba muchas veces al bar, ahora estaba allí por pura casualidad, frente a ella, al lado de aquel ser que había visto nada más entrar, que había intuido desde la calle, desde el tiempo lejano, desde todas las horas de su vida de solitario, de apagado hombre soñador.

—Sin embargo ahora estamos los dos juntos—había dicho él tontamente, sin darse cuanta, asombrado de verse frente a su sueño y de que su sueño le hablase, murmurase casi en su oído palabras y palabras.

—Sí, es verdad—había contestado ella sonriente, al mismo tiempo que le miraba desde su ausencia.

Alberto sentía que sus venas estaban tensas, que su sangre estaba parada, que su piel temblaba como si un viento del desierto arrastrase arena por todos sus miembros. Tenía miedo despertar, apartarse de aquel bar, tener que salir a la calle, tener que alejarse de ella y acaso no volver a verla. ¡No verla nunca más! Todo su cuerpo se estremeció pensado en ello.

—¿Tienes frío?—le preguntó ella.

—No, no es el calor lo que me produce angustia.

—Ya . . .

Estaba callado, se miraban de vez en cuando, se sonreían. Ella sonreía dulcemente; sonreía con los ojos más que con los labios. Con los ojos negros.

Después de aquel bar fueron a otro, caminaron por las calles. Hablaron. Pasaron las horas rápidamente, apresuradamente. Ella quedó en su casa; en una casa de un barrio tranquilo, en una casa un tanto misteriosa de estilo arquitectónico.

Quedaron citados para el día siguiente.

* * *

Era domingo. Había esperado la llegada de la mañana intranquilo, soñando sin dormir toda la noche, contando las horas, los instantes que faltaban para volver a verla.

Quedaron citados en una cafetería céntrica para los doce y media. Alberto, intranquilo, esperaba desde las doce. El había dado la hora y le pesaba no haber dicho las doce. Una hora primero, dos horas. Muy bien las once, ir juntos a misa . . . Tener en común más momentos, más recuerdos. No vivía pensando en ella, en su risa. Su risa, sobre todo, era lo que él recordaba, lo que le ataba sin remedio a aquel destino de la última noche. Alberto no se conocía, estaba fuera de si, en otro mundo, apartado de la realidad de todos los días.

Ella.

Ella también esperaba impaciente la hora de ir a la cita, de correr a encontrarse con el hombre que aún era un desconocido. ¿Un desconocido? De los desconocidos esperaba la voz, de los hombres que no había tratado confiaba para romper aquella rutina sin remedio, aquel camino descolorido e igual.

¡Un desconocido . . .! Y el sol era mucho más luminoso en aquella mañana de domingo. Los árboles de las calles más bellos, las casas y la naturaleza de la ciudad todo mucho más sugerente, más llenos de vida y de interés.

Se encontraron.

La hora de comer llegó sin ellos darse cuenta. Fue una hora y media en una isla desierta, solos entre el mar de la ciudad, alejados de las olas incesantes de los que pasaban a su lado. En una isla . . . Solos con el mar azul del cielo purísimo. Hablaron de mil cosas y de ninguna. Cuando los labios estaban quietos los ojos hablaban. Y los ojos lo decían todo, los ojos eran amor y deseo.

* * *

La tarde del domingo.

Alberto no recordaba la tarde. Estaba en otro mundo, en una luna distante y resplandeciente, en una luz sobre la tierra. Y lo mismo que la mañana había pasado sin él darse cuenta. La tarde más bella de su vida. Un momento que nunca olvidaría, aunque los vientos de todo el mundo se agolpasen sobre su frente. No olvidaría aquello, no olvidaría la sonrisa, los labios de ella, los ojos, las manos acariciadoras. No, no lo olvidaría. Estaba igual que río pleno, pasando majestuoso al lado de la ribera. Ella, un lirio que se miraba en el agua, en las profundas pupilas del agua.

Las sombras de la noche volvieron a ser dueñas de la ciudad. Los recuerdos de los momentos pasados juntos fueron gaviotas en el cielo de primavera. Gaviotas paradas para la eternidad.

* * *

Alberto estaba agradecido a aquella ciudad. Dos días antes le parecía que no podía resistir por más tiempo allí, y ahora . . .La ciudad era amiga, compañera de sus alegrías, de sus esperanzas de amor.

Era amor en la ciudad amiga . . . Espera de todo. ¿Qué era el amor? Espera. Algo más. Alberto preguntaba. Estaba pensativo; todas las tardes miraba a la ciudad para preguntar, para interrogar por la duración de aquel amor. Tenía miedo por un lado. Le parecía demasiado bello; pero se sentía fuerte para luchar, para forzar al destino, para batallar hasta la muerte por defender su dicha.

Era amor en la ciudad amiga y era amor en el mundo.

Alberto, por un momento, quedó pensativo y una sonrisa de prometedor verano se pintó en su rostro. Era amor, estaba seguro.

HOMBRE VIEJO DE MAR

Y el pequeño puerto parecía más pequeño con la helada fuerte del invierno; con la helada de la noche y con el viento de la mañana que parecía no tener fin. En el aire, de vez en cuando, se cuajaban copos de nieve que se perdían con la brisa sobre el mar.

Los barcos estaban quietos al lado de los malecones, con lanchas de escolta a su lado: lanchas verdes y rojas, azules y amarillas, negras, grises, con nombres de Josefina y María, Nuñez y Cleopatra. Muchas lanchas de colores al lado de los barcos quietos.

En los malecones, cajas de pescado que ahora solamente el aire las llenaba, pues los barcos no podían salir del puerto a pescar, a caminar sobre el profundo mar borrascoso. Estaba el puerto desierto y en el cielo graznaba alguna que otra gaviota.

Las gaviotas andaban por el cielo como tontas, asustadas, con las alas algo recogidas; seguramente por causa del frío, de la desolación. Por el cielo de plomo de perdidas manchas azules, las gaviotas andaban aturdidas, lo mismo que los marineros dentro del bar «Las Ballenas».

En el bar, los marineros juegan a las cartas o miran por la ventana el puerto callado. Los marineros no tienen edad, son todos viejos, menos en los ojos, que son todos jóvenes, casi niños. Uno de los marineros no habla, está quieto al lado de la ventana y mira al exterior sin mover el cuerpo, sin apartarse de los cristales llenos de escarcha que él, de cuando en cuando, limpia con la mano rugosa.

El marinero es viejo, más viejo que los otros, y sus ojos son verdes, no azules, como los ojos de los demás hombres que charlan en el bar; de tarde en tarde pasa la mano por la frente y deja que los cristales se llenen de agua para apartar de su frente la estarcha de los recuerdos. En su cabeza giran plateados peces dentro de plateadas redes; son brillantes bonitos y sardinas que pasan del barco a los cestos de las mujeres que los venderán por las calles de la ciudad; son merluzas elegantes, de cola alargada y mirada tristona, que se confunden casi siempre con las niñas delgadas que miran las faenas de los pescadores con ojos de susto. Todos los peces danzan en el aire frío de sus pensamientos.

Y el viejo mira desde la ventana y sueña con el verano, con el buen tiempo cuando sale con su barco mar adelante, pisando la estela de las estrellas matutinas, navegando sobre las olas de mil colores, de tantos colores como las lanchas que se quedaban en el puerto para pescar por la noche calamares. El barco pisaba, sí, las olas en la madrugada, y ahora tenía que estar allí quieto, al lado de los muros negros del puerto, atado, inmóvil, condenado. Desde el bar, el barco del viejo tenía un aspecto triste, cansado de tanta quietud. El marinero lo miraba con dulzura, le murmuraba muy quedamente palabras de cariño y de consuelo.

—El invierno pasará pronto, y nosotros . . .

Después de un largo rato, los ojos del viejo se abrieron desmesuradamente detrás de los cristales: el barco parecía hundirse lentamente en el puerto helado por la noche, por el invierno blanco.

«No es posible», pensaba el viejo; y sin embargo el barco se metía cada vez más en el agua, los mástiles eran más cortos ahora, la proa no se divisaba ya desde "Las Ballenas». Sí, el barco se hundía, se perdía en el agua negra al lado del malecón. Y el viejo no hacía nada, solamente giraba sus manos como aspas de un molino roto. Los demás marineros continuaban jugando a las cartas calladamente. Muy en silencio.

Un niño del bar gritó desde la puerta. Los hombres salieron corriendo hasta el puerto. El viejo, el dueño del barco, continuó detrás de la ventana con sardinas y merluzas pálidas girando en su cabeza. El hombre miraba el puerto y a los marineros, que lanzaban gritos igual que las gaviotas en el cielo de plomo.

El viejo permanecía cada vez más quieto, con los brazos apretados a la ventana, sordo para la mujer del bar, para las llamadas de los que estaban al lado del barco que se hundía. Sordo para todo. Los ojos no, los ojos vivos, mirando, soñando en el verano de mar azul, de cielo claro. El viejo posaba su mirada en la estela del barco que se alejaba del puerto para pescar.

Lanzaban, en el malecón, cables fuertes, como de hierro, para sujetar el barco para impedir que se metiera del todo en las aguas. Y parecían inútiles los trabajos. El viejo así lo comprendía. ¡Y el mar era tan oscuro allí en el puerto . . .

Cuando los gritos de los hombres cesaron, el viejo logró apartarse de la ventana y salir a la calle, muy lentamente, medio dormido.

El barco estaba metido en el agua; tenía un bello aspecto, parecía beber todo el agua del puerto por los redondos ojos de buey, por las puertas de los minúsculos camarotes. Era un barco sediento. Sediento de mares y de pesca y por eso se había inclinado un poco, y los hombres no lo comprendían; el viejo sí, era natural, y por eso continuaba sentado en la acera también un poco inclinado, igual que su barco. Pero él no se llenaba de agua, acaso sus ojos . . .

AL ESLAVA POR CHURROS

Para M.A. que también se llamaba Cleopatra.

Inclinó la cabeza y se quedó por un momento meditando; después miró lentamente a las cinco esclavas que César le había traido de Italia. No sabía qué hacer con ellas; ya tenía demasiadas mujeres en palacio y, por otra parte, quedaría mal con César si las mandaba vender. Sí, estaba dudosa con aquellas cinco esclavas que la miraban en silencio.

La reina de Egipto contempló por la ventana el río que pasaba lentamente al lado de los muros de la mansión real: parecía que llevaba barro en vez de agua; compacto barro de los lejanos montes, de los desiertos sedientos, de los campos donde trabajaban la tierra hombres morenos y fuertes. Después, Cleopatra miró a una de las esclavas; le sorprendía su nariz casi tan grande como la de ella. La nariz y el pelo un tanto raro en lo alto de la cabeza.

—Tu nariz . . .—murmuró sin ganas.

—Soy de Sicilia, majestad, y allí todas las mujeres tenemos la nariz larga.

La reina no se enteró de lo que decía la esclava; le parecía que aquella nariz era un insulto en su palacio, en sus habitaciones, en su presencia. Por otro lado tenía el consuelo de que las otras eran chatas y hermosas. Podría lucirlas en cualquier lugar, en cualquier fiesta y los hombres pálidos . . .

—Tu nariz. . .—tornó a decir la reina—, tu nariz y ese trozo de tela a cuadros que luces sobre el pecho no están nada bien.

La esclava se inclinó una y otra vez como en un misterioso baile religioso; movía su pecho y sus brazos y cerraba sus ojos haciendo resaltar aún más su acusado perfil. Cleopatra dejó de mirarla y preguntó a otra:

—¿De dónde eres tú?

—Soy del sur de Hispania, mi reina.

Cleopatra notó una pequeña ternura por aquella mujer que sin duda era la menos joven de las cinco, y acaso la más hermosa.

—Tus bellos ojos verdes están tristes, ¿qué tienes, qué miras con dolor?

—Mi reina . . .—musitó la esclava lentamente—mi reina . . .

—Sí, ¿qué te pasa? ¿No eres feliz aquí?

—Feliz, ¿dónde está la felicidad? Acaso yo fuí feliz en otro tiempo, cuando tenía a un hombre que me amaba, pero ahora . . . Ahora estoy sola, lejos, para siempre.

Cleopatra sintió pena por aquella esclava de ojos verdes que se inclinaba sobre otra joven y morena, vestida con una túnica azul claro. Aquellos ojos verdes le recordaban tantas cosas ya muertas en la noche eterna.

—¿Y tú?—preguntó a la joven morena que en aquellos momentos sonreía luciendo su clara y fuerte dentadura.

—Soy de Creta, majestad; de la isla de Creta, donde las bailarinas danzan sobre las cabezas de los toros, y el vino es más dulce que en el resto de la tierra.

—De Creta, si claro . . . De Creta tienes que ser, en esa isla todos tienen las orejas puntiagudas como tú, y todas sus mujeres son un poco locas y tontas, acaso por ese vino de que hablas, ¿no es verdad?

—No se, no comprendo muy bien.

La reina la miró con cariño y después interrogó a las otras dos que faltaban y que estaban en una esquina medio abrazadas.

—Y vosotras, tortolitas, ¿de dónde sois?

Las dos esclavas se pusieron coloradas y una de ellas, con voz un tanto nasal, contestó:

—De Las Galías, somos de Las Galías.

—De Las Galías. De esa tierra que tanto quiere César; de esa tierra de hombres de piel y pelo claro que se confunde con los rayos del sol.

—Sí, reina . . .—tornó a decir la más joven de las dos con su vocecilla nasal y su gesto de vendedora de arroz y de pescado—. Somos las dos de La Galías y nos queremos mucho, somo casi hermanas; nos gustaría estar siempre juntas.

La habitación quedó por un momento en silencio, y después la otra esclava de Las Galías habló, haciendo estremecer a todas con su voz bella y clara:

—Sí, majestad, siempre juntas.

Cleopatra se olvidó de aquellas mujeres que le había regalado César; se olvidó de Creta y de Hispania, de Sicilla y de Las Galías, de la bebida que había sobre la mesa y de la música que llegaba desde el patio. Volvió a mirar por la ventana . . . Pensó en el amor, en aquel amor que había puesto los ojos tristes, la voz triste, el rostro cansado . . . En al amor, en la esperanza. Estaba ella como su esclava de ojos verdes, como el agua del Nilo: revuelta en lo más profundo y tranquila en la superficie. Tranquila, en calma, esperanzadora.

La esclava de la nariz larga andaba de un lado para otro de la habitación como loca, como fuera de sí; las otras cuatro estaban quietas, calladas, en los ricones más apartados y oscuros de la habitación. La reina notó un profundo cansancio en su corazón; notó que los ojos se le llenaban de agua y que unas voces la llamaban desde el río una y otra vez . . . Se sintió, en aquella noche azul de primavera, más sola que nunca, más triste, más desconsolada . . .

* * *

La escritora se despertó sobresaltada. Se había quedado dormida en la reunión de sus amigos españoles, y ahora uno de ellos le decía:

—En Roma seguramente que no teneís la costumbre de tomar churros y chocolate después de una fiesta, ¿verdad?

—En Roma no se, yo soy de Florencia.

—Ah, es verdad, perdona, nunca me doy cuenta de tu ciudad.

—Pues mi ciudad es la más grande de Italia, piensa en Dante, en Miguel Angel, en Papini . . .

—Ya, ya . . . Pues nosotros vamos a tomar chocolate y churros al lado del Eslava; al lado de ese pequeño y recoleto teatro que tenemos en el centro de la ciudad.

—Sí, churros, chocolate, noche perdida, ¡todo muy español!

Los amigos salieron a la calle en una hora indecisa de la madrugada. La luz era fría, murmuradora, como el viento que corría por los campos amarillos de Castilla. En lo alto de las casas los gatos continuaban haciendo el amor.

La escritora italiana pensó en las esclavas, en Cleopatra, en el Nilo que llegaba ensangrentado a lamer los muros del palacio desde lejanas tierras, desde los sedientos desiertos . . .

Unos hombres limpiaban con agua las calles de la ciudad.

ENTRE LA LLUVIA

«¿No es la ausencia, para el que ama, la más cierta, la más eficaz, la más viva y la más indestructible de las presencias?»
Marcel Proust

A Luis González del Valle

El tren se fué alejando de la pequeña estación de madera. La noche era profunda entre la lluvia y los árboles que corrían veloces al lado de su cabeza cansada y entristecida.

Ella pensó en el hombre, en su figura fuerte que se había perdido entre las luces temblorosas de la ciudad, en las calles apartadas y mezquinas cercanas al bar en el que habían pasado la tarde . . . Los viajeros eran meras sombras a su lado, sobre los asientos de un azul descolorido.

Recordó el día anterior, la impaciencia de aquellas horas que la separaban de la cita, y los momentos que estaría a su lado, cerca de su cuerpo, de su voz . . . ¡Y aquellos momentos se habían perdido sin que ella lograse retener en su memoria un gran recuerdo! En la lejanía se quedaba él con su cabello negro escapando por la alta frente, con sus ojos azul porcelana, con su nariz poderosa llena de personalidad.

Ella, la pobre mujer que viajaba en el tren de la noche de lluvia, trataba de recordar sus manos, y no podía; ni sus pies, ni sus brazos que se alargaron toda la tarde para ofrecerle tabaco. ¡No lograba recordar nada!, y, sin embargo, estaba sellada su figura en lo profundo de sus pulsos, en lo más hondo de su tembloroso corazón.

Miró a través de los cristales de la ventanilla tratando de alcanzar, en la noche herida por el tren veloz, la figura que ya estaba lejos, que ya estaba en la sombra, en la otra ciudad que los separaba. Trataba de oler su carne, la risa de su boca enloquecedora, el sonido de cada una de sus palabras. ¡Y nada lograba asir, todo era más poderoso que su mismo recuerdo! En aquel tren, dentro de su cansancio, él vivía poderosamente, totalmente, para siempre. Y pese a ello

. . . Era un miedo el que lloraba en su costado, el que llovía más allá de los árboles, de su bosque de soledad.

Pero ella tenía esperanzas en los próximos amaneceres, en los días cercanos, en los silencios fervorosos de él. Sí, necesitaba tener esperanza para que su vida no fuese un barranco de sombras, de olvidos, de silencios inoíbles, de amarguras y de fracasos. Precisaba, necesitaba, tener esperanzas, ocultas promesas de felicidad; gestos cariñosos en su alma, en su cuerpo.

Su mano, su boca.

La mujer melancólica del tren estaba cansada, demasiado llena de su lejanía, de su búsqueda sin fin, de su correr por la vida inútilmente. Creía haber llegado a la meta, a la cueva olorosa que la salvase del frío, de la soledad, de la falta de amor . . .

(El se quedaba en la otra parte del mundo, en la otra cara blanca de la Tierra, en la otra ciudad imposible que reclinaba su poderío contra el mar.)

Ella, en aquellos momentos, se veía correr por el bosque, encaminarse a la cueva, estrecharse con el amado, y quedar quieta, estática, muda de amor, temblorosa . . . ¡Pero era mentira, solamente estaba en el tren con desconocidos! No lograría entrar en la cueva del amor, en la cueva apartada de la lluvia y de la noche negrísima y profunda.

Los recuerdos la cegaban totalmente. Se veía en la mañana frente al mar, al lado del hombre ahora perdido, cerca del viento fertilizador . . . En el huerto de todas las flores amorosas . . . La mañana se levantaba poderosa de recuerdos dulces, de momentos felices por el encuentro. Y ella gozaba así: evocadora de momentos, romántica de minutos, ensoñadora de segundos que se morían antes de nacer. El mar, con la orilla varada en su pecho de arena, latía ahora en la caracola de su garganta en una canción de deseo, de llamada.

Cantaba el mar en sus mejillas.

¡Y cada vez el tren se apartaba más de su sombra, de su figura que gallardamente dobló la esquina de la estación! Su espalda enlutada era la última imagen, el último símbolo que la hacía latir, estremecerse sobre el duro asiento azul del tren.

Todo un día había pasado; un día con la mañana en el mar, la tarde en la ciudad grisacea, opaca, triste bajo la lluvia.

(Y la lluvia, como en el ensueño evocador del bosque, los había obligado a refugiarse en la cueva de un café rosa de la ciudad gris.)

En el cristal de la ventanilla contemplaba el temblor de su soledad, su cara marchita de pena y de desilusión. Las horas desgranaban su prisa al lado del gran ventanal.

(En el tren y en el café rosa de la ciudad gris humo.)

La mañana y la tarde se tornaron en pequeños minutos, en azulados segundos de gozo pasados cerca de él, cerca de sus brazos desnudos, de su risa, de su boca. Meros momentos. Segundos sin respuesta, sin retorno, con honda preocupación de no poder volver a sentirlos . . .Y una lágrima se deslizó por su mejilla, por su amor impronunciable, aún no definido, no prometido por él.

(El, el hombre que vivía cerca del mar y que tenía los ojos azules, color porcelana clara, delicada.)

La noche, cortada por el tren, ululaba en las montañas que se pronunciaban contra las pardas y desgarradas nubes cargadas de lluvia y de desolación. El tren corría en aquella oscuridad cargado de almas, de cuerpos cansados e indefinidos. Cuerpos. Soledad en la noche del tren veloz.

Ella miró otra vez, por los cristales llenos de agua, el campo henchido de luz de luna; pero el campo no tenía contestación a sus preguntas, a sus miradas, a sus temblores de mujer señalada con el amor. El campo extendía su brazo de hierba al lado de los pequeños arroyos que formaba la lluvia una y otra vez, sin cansancio, sin apenas darse cuenta de ello.

Llovía, también, en el alma de la mujer, una lluvia que formaba ríos, lagos, mares sin horizontes, sin estrellas sobre sus aguas, sin luz sobre sus olas.

(El campo, que miraba el cielo de nubes y de luna, no sabía ahora nada de amor; se reclinaba sobre sí mismo y disfrutaba con su belleza nocturna. El campo era, estaba así: bello y solitario. Fuera de los hombres, al lado de lo invisible, de lo misterioso y eterno.)

La mujer inclinó la cabeza con dolorido gesto. No lloró. Permaneció quieta, inmóvil, en espera.

Un perro ladró con fuerza al tren que corría por los campos de agua. Ladró intensamente, insistentemente, con la esperanza de parar el tren. Pero el tren no hizo caso del perro que ladraba.

Ella había oído el ladrido del perro, la llamada de la noche. Miró otra vez por la ventanilla y contempló a lo lejos, en aquel momento de total soledad, una luz que brillaba. Y una alegría desconcertante inundó el corazón de la mujer que ya no estaba cansada. Que aún tenía fuerzas para esperar. Esperanzas de amor.

(La luna lucía su forma redonda en el cielo.)
Y las nubes fueron más claras, con menos lluvia en sus brazos.

EL VIAJERO DE LA AMANECIDA

A Ramón Hernández

La taquilla estaba cerrada, una débil luz brillaba en ella, detrás de unos sucios cristales medio pintados de blanco. En la sala de espera había dos o tres personas desperdigadas por los escasos bancos. Las sombras lo llenaban todo, y más allá de la puerta solamente la oscuridad de la noche entre la lluvia.

Avelino se sentó en un rincón, en el rincón más apartado de la sala, y puso a su lado la maleta. Tenía la mano cansada de sostener tanto peso; en aquella maleta estaba encerrada casi toda su existencia: sus libros, sus cartas, sus ropas, todos los recuerdos de estudiante y de novio.

En un banco cercano dos muchachos reían y hablaban apresuradamente:

—Es un burro con todas las de la ley; el otro día decía que el inglés es muy difícil, que se escribe, por ejemplo, Shakespeare y se dice Schopenhauer . . .

—¡Menuda, con el tío . . .!

Avelino esbozó una sonrisa que le quedó helada en los labios; no tenía fuerzas para reír, estaba demasiado absorto en su mundo para darse cuenta de otras cosas.

Lentamente fueron llegando más personas que consultaban el reloj al mismo tiempo que miraban la luz triste de la taquilla; ya era más de la hora, el tren no llegaba y no empezaban a dar los billetes . . .

«Mi infancia oscura . . .»

Un viejo se puso al lado de los cristales iluminados y rápidamente se formó una cola; algunas personas que se quedaban sentadas terminaron por colocare detrás, las últimas. Avelino arrastró su gran maleta y quedó apoyado contra una negruzca pared, donde terminaba la cola de los viajeros.

La taquilla, pese a todo, continuó cerrada. Una vendedora de carameles y de frutas voceó un momento su mercancía y después se reclinó en un banco como cansada, como dormida. Nadie compraba nada, nadie hacía ademán de llamarla; en su cabello brillaban unas gotas de agua.

«Mi juventud . . . No he tenido una juventud como todos los demás; no he sido igual que los otros compañeros de colegio. Me notaba distinto, ausente, asustado . . .»

—¿Tienes hembra, ahora?—preguntó cerca de Avelino un obrero a otro.

—¡Claro! ¿Cuándo no la he tenido? Ahora tengo dos, una aquí y otra en mi pueblo . . .—contestó el interprelado con cierto acento andaluz.

Avelino los miró. Eran dos hombres de edad indefinida, entre los veintitantos y los cuarenta. El que preguntó era rubio, parecía más joven aunque estaba peor vestido y más descuidado; en sus ojos azules llameaba una chispa irónica; tenía una chaqueta medio negra, descolorida y mojada por los hombros, y un pantalón terroso, como de pana, con unos zapatos viejos y gastados en los pies grandes y toscos. Al otro se le notata límpio, con un traje nuevo y una gabardina de amplio cinturón que le formaba una figura cuadrada y rechoncha.

—Yo siempre tengo hembra . . . ¿y tú?

—¿Yo? Tirando, solamente tirando. Tampoco me preocupo mucho. Las mujeres no son tan importantes en la vida de los hombres.

—¡No! ¿No te gustarán los hombres, verdad?

El de los ojos azules rió un poco:

—Por ahora no, no creo . . .

—Las mujeres son más importantes, macho.

El rubio volvió a reír de mala gana, luciendo unos dientes blanquísimos entre un bigote mal cortado.

En el andén sonaba el agua de la lluvia.

«Nunca he tenido verdaderos amigos, y la amistad es necesaria, más necesaria que las mujeres según dice ese . . .»

—Tengo ricas naranjas y caramelos del Congreso—, repetía la mujer desde su banco, desde su posición inclinada, con la cabeza hacia el suelo, con los ojos casi cerrados, apartada de la estación y de su mercancía, sin darse cuenta de lo que sus labios murmuraban una y otra vez:

—Caramelos del Congreso, chocolatinas, plátanos y naranjas . . .

Una vieja se acercó a ella y le pidió un plátano; después de pagarlo se lo entregó a una niña pálida, como de siete años, que llevaba un abrigo verde por encima de la rodilla con unos pequeños remiendos cerca de los bolsos.

Los obreros reían en estos momentos; un tercero llegó de la calle y se unió a ellos; era viejo, cansado, gris; saludó toscamente con una mano de barro y de cicatrices.

«Elena. Todo ya muy lejano, demasiado lejano. No volverá el tiempo de la Universidad».

El río sonaba cerca de la estación. Su ruido, monótono y fuerte, de crecida primaveral, se metía por los oídos de Avelino hasta casi torturarle. Corría el río sin tregua, incansable en su camino de siglos; el agua incesante que no sabía de su muerte, que no sentía su terminar. El agua era feliz en la noche de lluvia.

Avelino prestó atención, por un momento, al ruido del agua, se apartó en espíritu de la sala oscura de la estación y soñó con otros paisajes lejanos, imposibles. Toda su vida . . . ¡Tan distinto todo! ¡Tan fuera de la angustia que ahora le llenaba el alma! Nunca había sido feliz del todo, ni alegre, ni divertido; pero había tenido una paz íntima, profunda, consoladora, que ahora no lograba encontrar. Los últimos años habían sido de fuego, de llama que quemaba el alma, las entrañas, que no le daba descanso. No podía estar quieto en ningún sitio, no lograba mantener equilibrio en la ideas y en los proyectos. Ya todo se derrumbaba sobre él sin compasión, sin esperanza. Su futuro se concretaba ahora en dos palabras: profesor, colegio. Había quedado reducido a eso: a ser un oscuro profesor de un apartado colegio de provincias; profesor de un colegio perdido en un pueblo que casi no tenía nombre. Profesor de cuatro estudiantes de bachillerato, lejos de todo lo que había soñado y esperado, y que ahora, en esta noche, se derrumbaba irremediablemente, que ahora se perdía entre aquella lluvia gris, entre el agua del río que no cesaba en su correr monótono. ¡El también había corrido! En aquellos momentos estaba ya en su mar, pleno, cargado, torrentera muriendo entre los olas saladas. En el fin, en el principio . . . ¡Acaso nada importase! . . . Sin remedio, igual que la vida de cientos y cientos de personas. El color falso y rosado de sus sueños había desaparecido para dar paso a la presente negrura, a la angustia total, a la desesperación de aquellos instantes en aquella estación oscura que parecía maldita en la anochecida, embrujada dentro del incensante ruido del río, en aquella sala con caras gesticulantes a su lado, mirando para él, asustando con sus gritos la soledad del crepúsculo, con sus palabras soeces, o acaso no, con sus palabras de milagro . . . Allí, en aquella estación, estaba la vida, como el río, sonando en sus oídos, estremeciendo su ser, llenándole de torturas, metiéndose oniricamente en su sangre, en sus profundas venas. La vida; la de él y la de todos los demás era igual que el río que corría en la noche medio loco, lleno de fuerza primaveral, sin detenerse, sin tiempo para mirar las riberas, arrastrando todo lo que encontraba a su paso, asolando los pequeños huertos, derrumbando árboles y muros. Corriendo sí, corriendo en la oscuridad del día que apenas se marcaba en los montes de niebla. Su vida era igual: iba al precipicio sin darse cuenta, dentro de una negrura que impedía toda mirada, todo movimiento contrario.

La fila de los viajeros moría en la ventanilla lentamente. Avelino sacó el dinero para el billete y murmuró un nombre al empleado:

—Villa de San . . .

Después, con su maleta, salió al andén solitario y frío. En la sala de espera las pardas figuras de los viajeros parecían danzar cansadamente al compás de la lluvia que golpeaba las losas de la calle.

«¿Qué será ahora de mis padres? Seguramente que están en la cama, sin poder dormir, pensando en mí . . .»

Avelino sintió que un dolor corría por sus carnes, por la medula, hasta la garganta, que se marchitaba en la boca como lentas oleadas de un mar traidor. Allí, apartado del clima de la sala de espera, sintió más tristeza, más soledad.

Más allá de la vías corría el río y, aún más allá, al otro lado de las aguas, se veían unos raquíticos árboles que alargaban sus ramas sin hojas en medio de la lluvia y del viento. ¡Aquellos árboles! El. Igual que ellos. Esperando de un momento a otro ser desgarrados, continuamente azotados, con las raíces en el fango estéril; con las ramas rotas, cansadas de tanta lluvia, suplicando alas para marchar de aquel lugar. Raices para ir con el viento, alas para meterse más en la tierra.

El era aquellos árboles, aquellas ramas secas cargadas de lluvia. Avelino, aplastado contra la pared, arrinconado al lado de la maleta, no podía apartar la vista de la otra orilla, de los árboles metidos en la tempestad: le fascinaban, le dolían en el corazón, sentía, en aquellos instantes, más lástima por ellos que por él mismo. No tenían tampoco paz, eran igual a él: solos en la sombra de los vientos y de las lluvias.

¿De dónde había llegado él? ¿Qué significaba aquella estación? ¿Y él allí? ¿Qué tenía dentro de aquella maleta que pesaba tanto? ¿Qué eran aquellas manos que se estremecían de frío en los bosillos del abrigo? ¿Y él? ¿Y la noche que llegaba? ¿Y el río? ¿Y él, y él? ¿Qué significaba aquella sombra que se alargaba sobre el suelo mojado? ¿Era verdad su sombra? ¿Verdad aquellos árboles clavados en sus ojos? ¿Por qué le llamaban desde la otra ribera en aquella noche? Aquella anochecida mojada por lágrimas y lamentos del invierno. ¿Qué hacía ahora, en aquellos momentos, en aquella estación? seguramente que salía del río que llegaba de la montaña; había sido arrastrado con su gran maleta por el viento a aquella estación perdida en medio de la lluvia. Sí, eso era: un hijo de aquella tempestad, de aquella negrura, de aquel desierto de agua incesante.

Avelino se inclinó sobre sí mismo y meditó; no tenía otra salida que ir al colegio de aquel pueblo, quedar para siempre allí, apartado para que los demás le olvidasen, para que perdiesen memoria de él, de sus estampa, de sus palabras, de sus pisadas en el camino conocido, de sus ojos y de sus manos. No debía de estar descontento, era mucho más de lo que esperaba, de lo que merecía . . . Su familia era pobre. Pobre de repente, sin pensarlo. Pobre en un par de meses. La casa. Un calor. Un cariño. Ahora: ni eso. Nada. Solo en el mundo, con los padres lejos, enfermos, viejos y solos. Lanzados, igual que él, a la noche, como los árboles . . .

Se quedó quieto, sin fuerzas para sufrir, al lado de la maleta, esperando, con los ojos entornados. Algunos viajeros salieron de la madriguera de la sala. Se desparramaron bajo la marquesina, entre las maletas y los grandes paquetes que llenaban el pequeño recinto en el que no caía la lluvia. Después el tren sonó a lo lejos, fantasmal, terrorífico. Era el destino de todos los allí presentes que avanzaba con ruido de hierros y de ruedas trepidantes; un destino inexorable que aún en la oscuridad de la lluvia corría veloz sin pensar en nada, sin poder deternerse nada más que cortos minutos para tomar aliento. Y después continuar . . .

«Elena era otra en estos meses. No me quería. No me trataba igual que antes . . . fué mejor rompar con todo . . . con todo».

El tren corría con Avelino y con todos los otros viajeros de maletas desvencijadas y paquetes mal atados. Corría en la noche maldita, entre la tempestad y el miedo de los hombres; se alargaba sobre el camino de hierro entre el escalofrío de sus ruidos y de sus luces mortecinas; apenas dejaba rastro de claridad sobre los campos inundados, sobre el lomo de plata negra del río. Era un metéoro perdido en el espacio; condenado a ir por el infinito y soñando con detenerse breves momentos para poder recrearse en su luz.

El tren corría.

Unas nubes se apartaron para dar paso a la luna; y la luna rielaba en el hielo de la noche mortificada. Avelino miró por la ventanilla el paisaje pardo que danzaba con la prisa del tren. A su lado un soldado charlaba con una mujer gorda, enlutada, de piel parda y aceitunada. La mujer reía constantemente, tontamente, con ganas y sin esfuerzo; toda su carne se apretaba contra los viajeros que se sentaban a su lado.

—Pues no comemos mal en el Regimiento . . .

—Mi hijo tampoco comía mal en el suyo, decía que estaba muy contento, pero cuando le daban permiso parecía que el cielo entraba en casa, así estaba él de contento . . .

«Contento. Cierto día llegó a estar plenamento contento. Fué en primavera había salido al campo a merendar; iba solo, despreocupado, con sonrisa en la cara y en el corazón . . . Un día fuí feliz. Allá en primavera».

—Cómo en casa no se está en ningún sitio; pero la mili no es tanto como dicen, ni mucho menos. No se pasa mal, tiene de todo . . .

Un viejo que iba enfrente de la negra mujer de ojos atormentados y risa fácil, dijo:

—Ante de ir a la mili todos los hijos se creen que lo saben todo, se ponen por encima de los padres y después comprenden que es otra cosa . . .

—No, mi hijo . . .

Pero el soldado no dejó que la mujer terminase su frase de disculpa del hijo ausente:

—¡No será para tanto!, no creo que sea para tanto como usted dice, buen hombre.

—¡Qué no es tanto . . .! Y mucho más, lo que pasa es que vosotros a vuestra edad no daís importancia a las cosas ni a los mayores que siempre saben más que vosotros.

—¡Y por qué tienen que saber más que nosotros?

—Porque son más viejos, sencillamente por eso . . .

—Ya estamos con la única contestación a esa pregunta—respondió el soldado que en aquellos momentos había perdido su aire tosco y parecía, a los ojos de Avelino, un joven profesor en un centro universitario—. No creo que los viejos sepan más que los jóvenes solamente por ser viejos; hay muchos viejos que nunca han comprendido nada y no lo comprenderán jamás. Los viejos que toda su vida han sido idiotas lo serán hasta la muerte.

—¡Joven!, sin faltar . . .

—No, si yo no falto a nadie, y menos a los aquí presentes, solamente digo . . .

* * *

Avelino, sin darse cuenta, llegó a la estación de destino. Contempló, a través de los cristales llenos de agua, los muros de las casas cercanas, las sombras de las montañas. Le parecía un pueblo mucho más tétrico que el último donde había tomado el tren. El viaje terminaba allí, en aquel lugar perdido entre los montes.

Descendió del tren con su pesada maleta y preguntó por el colegio:

—Es cerca, muy cerca de la estación . . .—le indicó un encargado de los equipajes.

Con la maleta en la mano se internó por un camino lleno de barro, sin luz en ningún sitio, con casas pobres y apagadas a los lados. Al poco tiempo se encontró ante un edificio de dos pisos; a pesar de la lluvia se quedó en la calle contemplando aquella construcción que por su negrura destacaba en la noche misma. Le pareció que su destino había terminado allí, delante de aquella casa siniestra. El viaje tenía un final: quedar parado para siempre en la calle, en medio del viento y del frío . . . En medio del silencio nocturno.

Hizo un esfuerzo y se acercó a la puerta. El timbre sonó débil en la lejanía del colegio; después de un momento la puerta se abrió lentamente.

Avelino entró.